AF369398

L'OR

DANS LE MONDE

OUVRAGES DE L. DE LAUNAY

LIBRAIRIE ARMAND COLIN

La Science géologique : *ses Méthodes, ses Résultats, ses Problèmes, son Histoire.* 1 vol. in-8 de 752 pages, *53 figures* dans le texte et *5 planches en couleur hors texte*, broché. . . **20 fr.** »

Géologie pratique et *Petit Dictionnaire technique des termes géologiques les plus usuels.* 1 vol. in-18, broché. . . . **3 fr. 50**

Traité des Gîtes minéraux et métallifères, par Fuchs et DE Launay. 2 vol. in-8 (chez Baudry, 1898).

Statistique des Gîtes métallifères. 1 vol. in-16 (chez Gauthier-Villars, 1894).

L'Argent. 1 vol. in-16 (chez Baillière, 1895).

Mines d'or du Transvaal. 1 vol. in-8 (chez Baudry, 1896).

Diamants du Cap. 1 vol. in-8 (chez Baudry. 1897).

Traité des Sources thermo-minérales. 1 vol. in-8 (chez Baudry, 1899).

Contribution à l'étude des Gîtes métallifères. 1 vol. in-8 (chez Dunod, 1899).

Les Richesses minérales de l'Afrique. 1 vol. in-8 (chez Ch. Béranger, 1903).

Formation des Gîtes métallifères. 1 vol. in-16 (chez Gauthier-Villars, 2e édition, 1905).

L'Histoire de la Terre. 1 vol. in-16 (chez Flammarion, 1906).

378-07. — Coulommiers. Imp. Paul BRODARD. — P5-07.

L. DE LAUNAY

Professeur à l'École Supérieure des Mines

L'OR

DANS LE MONDE

Géologie — Extraction — Économie politique

Librairie Armand Colin

Paris, 5, rue de Mézières

1907

INTRODUCTION

Le rôle de l'or. Intensité de son extraction actuelle. Principales questions soulevées par l'étude économique de sa production et de ses emplois. Plan de l'ouvrage.

L'or n'a, presque dans aucun temps et chez aucun peuple, été regardé comme un métal quelconque, uniquement estimé et recherché en raison de ses applications pratiques et des services matériels qu'il pouvait rendre. Ces applications, ces services, sont nombreux et importants sans doute, plus même qu'on ne le croit d'ordinaire; mais le rôle principal, et surtout le rôle caractéristique de l'or, est autre et presque symbolique. En même temps qu'une marchandise soumise aux lois ordinaires de l'offre et de la demande, l'or est aussi, on le sait assez, un signe représentatif, auquel l'assentiment unanime des peuples attribue une sorte d'estampille internationale. Une pièce d'argent, ou même de bronze, par le fait qu'elle a été frappée à la Monnaie d'un pays, porte, à l'intérieur de ce pays et dans les limites prévues par la loi, la signature du gouvernement qui l'a frappée; elle est une traite tirée sur lui. Mais l'or a toujours possédé plus ou moins, et a conquis avec une généralité croissante ce privilège tout à fait spécial de pouvoir, sans aucune signature, sans aucune garantie gouvernementale, à l'état de lingot brut ou de poudre, être accepté à peu près universellement pour une certaine valeur, qui, étant la valeur type, la valeur étalon, donne l'illusion de ne pas changer. Ce privilège de l'or n'a rien de nécessaire; d'autres métaux, d'autres substances quelconques pourraient théoriquement le lui disputer; et l'on a vu des cas où l'argent, le cuivre, le fer, ou même le sel, le blé, les bœufs, les étoffes, le caoutchouc, les coquillages étaient employés, de préférence à l'or, comme instruments d'échange. Il est même possible et probable que ce système un peu primitif de jetons métalliques tende un jour à perdre son rôle prédominant dans les relations internationales, pour céder la place à d'autres instruments plus perfectionnés, plus facilement mobilisables, plus inaltérables et plus aisément divisibles encore, fondés plus directement sur le crédit. Mais, en attendant, la valeur toute conventionnelle de l'or jouit du consentement à peu près universel; et c'est ce qui attribue à ce symbole, en réalité barbare, une sorte de beauté philosophique; car il faut qu'une convention ait été bien forcée, bien nécessitée par la nature même des choses pour que tous les temps et tous les peuples aient été également amenés à l'imaginer, à l'adopter, à la subir.

L'or, c'est la richesse et c'est toute la richesse. C'est aussi l'ornement brillant par excellence, dont l'inaltérable éclat rappelle le soleil; mais c'est surtout l'image concrète, la réduction figurative en quelques petits disques ronds de la fortune humaine et de toutes les jouissances que celle-ci comporte. Voilà ce qu'aperçoit l'avare en plongeant les mains dans ses coffres où elles font ruisseler un flot jaune. Dans sa joie qui nous fait sourire, il est, à sa façon, idéaliste et poète, comme le joueur en prenant les cartes. Car ce n'est pas le scintillement du métal qui les égaie ou attire tous deux; c'est le mirage des champs et des bois, des maisons et des meubles, des objets d'art, du luxe, des plaisirs que cet or représente, qu'il leur permettrait, s'ils le voulaient, d'acquérir, qui déjà se dressent et se superposent dans leur imagination avec une merveilleuse facilité, qui sont tous, dès à présent, contenus, impliqués en l'or virtuellement, à l'état de possibilité...

Insister davantage sur ce rôle de l'or serait

banal. On a tout dit, et bien dit, sur cette puissance du métal jaune, qui intègre et concentre, sous la forme la plus maniable et la plus palpable, le produit, le but apparent du travail humain, sa synthèse, destinée tout à l'heure à se disperser en satisfactions, en jouissances et en joies, dont chacune aura encore son expression dans une de ses parcelles plus ou moins grosses. On l'a maudit et béni; on l'a déifié ou abhorré tour à tour, parfois puérilement. Une fois sorti de la mine, puis de l'usine, où on l'a extrait et élaboré, l'or court le monde, jouant, avec complaisance, souplesse et docilité, le rôle qu'on attend de lui, et que toute autre substance aurait peut-être pu remplir, mais pas aussi bien. A peu près inusable, il traverse les siècles; le même fragment d'or fondu, martelé ou forgé il y a trois ou quatre mille ans, demeure encore aujourd'hui ce qu'il fut au temps du Pharaon ou du roi de Mycènes, dans la tombe duquel nous le retrouvons. Pendant des générations, une course vertigineuse l'emporte de l'un à l'autre : il va, semant sur son passage la joie et la prospérité, simplement parce qu'il est là, parce qu'il apparaît comme un dieu et sans que rien pour cela soit perdu de lui-même. Nous n'avons pas à le suivre ici dans cette longue suite d'aventures, qui pourrait occuper le moraliste ou amuser le romancier; mais il nous sera permis, comme géologue, de faire remarquer la puissance civilisatrice qu'il possède, le miraculeux talisman qu'il constitue dès son apparition dans le filon ou l'alluvion dont on l'extrait. Non seulement il est destiné à rayonner dans la vie humaine et à la transfigurer par son prestige; mais il semble que sa découverte dans la terre transforme la nature même et fasse tomber les barrières infranchissables, par lesquelles elle croyait arrêter l'invasion des hommes et conserver éternellement vierges ses solitudes. A peine l'or a-t-il été rencontré dans un pays sauvage, barbare, inculte, rebelle à la vie, que celui-ci se métamorphose. Les déserts de l'Afrique australe ou de l'Australie occidentale obtiennent de l'eau; les steppes brumeux de l'océan Arctique s'adoucissent; les marais et les forêts des tropiques perdent leur pestilence; l'homme prend possession de la plaine brûlante ou glacée, de la cime alpestre, de la côte que désolait la malaria ou la fièvre jaune; il y amène d'abord les plus indispensables ressources de l'existence, puis les facilités, puis le luxe. L'or peut ensuite disparaître des mines; ses gisements peuvent s'épuiser en peu d'années; son influence bienfaisante et créatrice persiste. Aucun autre moyen, aucune volonté despotique n'auraient atteint le même but aussi vite, aussi sûrement. Grâce à lui, la civilisation est venue dans le désert avec ses forces, ses machines, son ingéniosité; elle s'y est établie, elle y a construit des villes, défriché des champs, tracé des routes : elle y reste. La source de l'or est, depuis longtemps, tarie et oubliée que la plaine, jadis fécondée par elle, prospère encore. Les villes peuvent ensuite pâtir un moment, les populations s'éclaircir quand meurent les filons ; l'œuvre utile que, seule ou à peu près, la rencontre de l'or était susceptible d'accomplir avec une telle promptitude, n'en subsiste pas moins ; là où l'homme moderne a mis le pied et planté son drapeau, il demeure ; le centre minier est devenu, par la nécessité de faire vivre les mineurs, un centre agricole ; il reste agricole après que les mineurs ont disparu. La Californie est plus riche aujourd'hui par ses vergers et ses champs que par ses minerais ; mais c'est le travail des mines qui a préparé la voie à la charrue...

Cette chasse, cette poursuite effrénée de l'or, « Auri sacra fames, auri insana cupido », a dû commencer dès l'aurore de l'humanité et, sans insister sur ce côté historique qui a été déjà trop souvent traité, j'en dirai tout à l'heure quelques mots. Mais il semble bien que nous traversions, à cet égard, une phase spéciale, qui prête à la question de l'or, intéressante de tout temps, un intérêt du moment particulier. D'une part, le rôle monétaire de l'or a pris, et continue chaque jour à prendre, dans le monde entier, un caractère de généralité, d'universalité qu'il n'avait jamais connu. De l'autre, les découvertes de gisements aurifères se sont multipliées avec une vitesse extrême, les procédés d'extraction sont devenus de plus en plus ingénieux et puissants.

Par suite de cette extraordinaire expansion géographique, de cette main-mise sur toute la Terre, qui rend la fin du xixe siècle comparable au xvie siècle et même supérieure, des continents entiers viennent de s'ouvrir et s'ouvrent encore chaque jour, sous nos yeux, avec une rapidité prodigieuse, à nos recherches minières, en même temps qu'ils adoptent une forme de civilisation, jusqu'alors demeurée le privilège de quelques peuples européens, asiatiques ou américains. Les moyens d'obtenir de l'or se multiplient; les besoins d'or de l'humanité s'accroissent parallèlement et encore plus vite...

L'entrée en jeu, l'invasion conquérante des races blanches dans de vastes régions inconnues a fait découvrir des gisements d'or colossaux et la science a trouvé des moyens métallurgiques nouveaux pour arracher partout cet or à ses filons; mais, en même temps, cette pénétration des blancs a introduit partout, avec leurs mœurs, leurs besoins et leurs vices, leurs moyens d'échange; et l'or a été ainsi universellement demandé avec une ardeur, une fièvre, une âpreté dont on n'avait eu aucune idée auparavant. C'est ainsi que la recherche du jaune métal est devenue à la fois plus passionnée et plus fructueuse sans diminuer sensiblement sa valeur; c'est ainsi qu'une production intensive, rapidement quadruplée en vingt ans, a pu ne pas tourner violemment à la surproduction, comme elle l'aurait fait pour un métal d'un usage moins courant, moins indispensable, moins universel et ne pas se traduire, d'une façon trop aiguë, par un renchérissement général et intense de la vie, qui est la manière dont s'exprime la baisse de cette valeur si spéciale que l'on appelle l'or.

L'extraction de l'or a eu beau s'accélérer sans cesse depuis un quart de siècle; elle ne suffit pas encore à nos besoins. Elle est cependant — et la démonstration que j'essayerai d'en donner plus tard offre quelque importance économique, — très supérieure à ce qu'elle devrait être d'après la rareté de l'or dans l'écorce terrestre, si l'homme ne se précipitait pas plus passionnément, plus exagérément, sur les minerais d'or que sur les minerais de fer, par exemple.

Le développement énorme de l'extraction aurifère, que je viens de signaler et qui, par un paradoxe singulier, coïncide aujourd'hui avec une disette de métal précieux, ne doit pas seulement éveiller la curiosité de ceux qui ont eu déjà d'autre part leur attention attirée sur l'industrie aurifère; il me paraît être aussi, à tous égards, un des traits caractéristiques de notre époque et l'un de ceux qui, par le rôle économique de la monnaie, interviennent le plus directement, quoique d'une façon masquée, dans la vie des nations. Comment dire exactement la part prise par cette production extraordinaire et tellement disproportionnée avec ce qu'on avait pu voir auparavant, dans les conditions actuelles de la vie, dans les rapports entre le capital ancien et les produits d'une épargne plus nouvelle, dans le prix de la main-d'œuvre et la cherté des matières premières, dans l'intensité des luttes sociales, dans les rapports des pays débiteurs avec leurs créanciers, dans la baisse continue de l'intérêt à notre époque, qu'interrompent, de temps à autre, des fluctuations imprévues, etc., etc.? Ces phénomènes sont tous si complexes et tant d'autres interviennent pour les modifier profondément qu'il est difficile de rien préciser. Il n'est pourtant pas possible que des afflux anormaux d'or, ou, au contraire, des demandes inusitées, comme en provoquent la rencontre d'un Witwatersrand ou l'adoption de l'étalon aurifère dans une vaste région nouvelle, n'entraînent pas, dans ces divers ordres d'idées, des conséquences plus ou moins immédiates, en dehors de celles qui se manifestent directement par les variations de l'encaisse des grandes banques, par le jeu de l'escompte, ou par les changements dans la valeur relative du métal blanc.

Ce qu'a été ce développement récent de la production aurifère, nous le verrons bientôt plus exactement; il suffit, pour en avoir une idée, de jeter les yeux sur un graphique tel que celui de la page 117, où la courbe de l'or tend si fièrement vers la verticale. Sans remonter à plus de soixante ans (une durée infime dans la vie de l'humanité), on produisait, en 1848, 55 000 kilogrammes d'or par an; on est monté à 202 000 de 1856 à 1860, pendant le grand essor qui suivit la découverte presque simultanée de la Californie et de l'Australie; puis on retomba à 145 000 en 1883 avec l'épuisement des mêmes gîtes et, jusqu'à la mise en exploitation des mines du Transvaal en 1888, on ne s'éloigna guère de ce chiffre, à 10 000 kilogr. près. C'est alors, en 1889, il y a dix-huit ans, que la courbe a pris tout à coup une si étonnante marche ascensionnelle. On a extrait plus de 200 000 kilogrammes en 1890, de 350 000 en 1897, de 420 000 en 1898; puis, après un recul momentané et tout accidentel amené par la guerre du Transvaal, on est monté à 573 000 en 1905 et 608 000 en 1906. On a donc dépassé, en 1906, le chiffre de deux milliards (on l'aurait dépassé cinq ans plus tôt sans la guerre anglo-boër) et la production de 1906 est, à vingt ans de distance, presque le quadruple de celle de 1886 : 2 100 000 000 francs contre 526 000 000 francs.

Sommes-nous à la fin ou seulement au début de cet essor aurifère? C'est ce que nous examinerons

plus tard; mais, en préjugeant déjà nos conclusions, il semble bien vraisemblable que, pendant
au moins dix ou quinze ans encore, la production
d'or mondiale va se maintenir à ses chiffres actuels
ou les dépasser. Et, si cette hypothèse est fondée,
n'allons-nous pas entrer un jour ou l'autre dans
cette période de vie chère qu'un afflux d'or aussi
anormal semblerait devoir logiquement entraîner?
Tous les prix ne vont-ils pas se relever au détri-
ment du consommateur, précisément dans une
époque de transformation sociale qui peut rendre
une semblable crise plus douloureuse encore?
N'allons-nous pas assister plus que jamais à ces
luttes où l'ouvrier est amené, pour pouvoir vivre,
à exiger un relèvement du prix de la main-
d'œuvre et où lui-même subit bientôt le contre-
coup de cette hausse, répercutée avec exagération
sur tous les objets de première nécessité qu'il
achète ou consomme? En attendant, comment
s'expliquer que les besoins d'or arrivent actuellement à absorber, à dépasser même une si étonnante production?...

Cela suffit, je crois, pour faire comprendre, s'il
en était besoin, l'un des côtés très passionnants,
très actuels, de cette étude sur l'or que nous
allons entreprendre. La question de l'or ne touche
pas uniquement ceux qui, pour une raison quelconque, s'intéressent au mode de concentration des
métaux dans la Terre ou à ce que j'ai appelé leur

Métallogénie [1], ceux qui s'occupent de son extraction, ou qui participent à son industrie minière et métallurgique; elle importe également à quiconque désire se rendre compte des mouvements économiques et financiers, dont, avec le développement de la richesse mobilière, le contre-coup se manifeste aujourd'hui pour tous, des plus riches aux plus humbles. Le temps n'est plus où l'on pouvait s'endormir tranquillement sur un « placement de père de famille » et où le meilleur moyen d'enrichir ses héritiers était de demander à son capital le moins de revenu possible en l'employant à des valeurs « de toute sécurité », qui devaient augmenter automatiquement de valeur avec le temps. Aujourd'hui la gestion d'un capital est devenue une industrie et un art, qui exige à la fois de l'attention, du travail, de la vigilance et de la perspicacité, si l'on ne veut pas non seulement ne pas gagner (ce qui serait un faible dommage) mais même progressivement tout perdre. L'étude des questions économiques et financières est donc devenue aussi utile et offre, en somme, un intérêt comparable pour la curiosité de l'esprit à celui de toute autre recherche où l'ingéniosité trouve à se déployer... La question aurifère domine ces problèmes.

Or, le développement de la production aurifère,

1. Science qui étudie la formation des gîtes métallifères.

qui vient d'être rappelé, en même temps qu'il a des causes et qu'il entraîne des conséquences sur lesquelles notre attention sera tout spécialement attirée, comporte des modifications rapides dans la catégorie des gisements exploités, dans les méthodes d'extraction et d'élaboration. Chacun, suivant la remarque précédente, a, en dehors de la curiosité scientifique et philosophique, un avantage pratique à être renseigné succinctement sur des considérations qui exerceront bientôt leur influence générale. Notre étude de l'or dans le monde nécessitera donc, outre l'enquête économique qui en formera la partie principale et le couronnement, un résumé préliminaire des problèmes géologiques, miniers et métallurgiques posés à son propos.

Tel est l'objet de ce livre, où l'on ne s'attendra pas à trouver, sur une foule de questions concernant l'or qui ont été maintes fois traitées ailleurs, sur sa chimie, sur sa minéralogie, sur ses emplois en orfèvrerie, etc., des notions que je crois suffisamment vulgarisées et assez aisément accessibles dans d'autres ouvrages pour n'avoir pas besoin de les reproduire ici, mais où j'insisterai pourtant sur le côté industriel ou géologique de problèmes que les économistes ont souvent trop de tendance à envisager indépendamment de ces modifications techniques si considérables et en se fiant un peu trop uniquement aux seules statistiques.

Dans une première partie (I), nous commencerons logiquement par aller chercher l'or où il se trouve, c'est-à-dire dans la Terre : ce qui nous amènera à débuter par une étude géologique des gisements, sans insister beaucoup sur un côté de notre sujet qui, pour être exposé complètement, demanderait des détails d'un intérêt un peu trop spécial, mais en ayant pourtant soin de signaler les conclusions nouvelles qui se dégagent de nos récents travaux sur la métallogénie et des méthodes nouvelles que nous avons inaugurées dans cette science. Nous aurons, à ce propos, à considérer : d'une part, les gisements primitifs de l'or dans les roches et, de l'autre, ses remaniements sédimentaires ou alluvionnaires, en montrant l'importance respective, pour la production, de ces catégories si absolument différentes et la transformation qui s'opère à cet égard avec le temps. La répartition de l'or dans l'écorce terrestre, la constitution de ses gîtes, la distribution de ses minerais et les modifications de celle-ci avec la profondeur, outre qu'elles sont fort curieuses à étudier pour elles-mêmes, entraînent des conséquences industrielles et économiques immédiates que nous ne saurions passer sous silence. Une question de premier ordre se posera alors à nous, celle des minerais pauvres, dont le rôle doit devenir de plus en plus important et dont les réserves s'accroissent énormément avec l'abaissement de la teneur limite exploitable, qu'entraînent tout progrès métallurgique ou toute augmentation relative de la valeur du métal, tenant à sa raréfaction. Nous serons ainsi amenés à poser et à essayer de résoudre le problème intéressant de la teneur en or moyenne que peuvent présenter les continents et les mers.

Après avoir examiné la formation géologique de l'or, nous verrons la répartition géographique qui en résulte (II) et nous le ferons, pour le passé comme pour le présent, en cherchant même autant que possible à prévoir le futur. Nous tenterons de déterminer la proportion d'or qu'ont pu contenir, avant toute exploitation, les divers continents et les divers pays et ce qu'il en reste vraisemblablement. En groupant les résultats statistiques avec les conclusions géologiques, nous pourrons nous demander quels pays et quels centres miniers sont destinés à fournir la production de l'avenir et dans quelle mesure, pendant combien de temps, cette production peut être appelée à se maintenir dans les chiffres actuels.

Nous passerons alors (III) à l'extraction minière, dont nous mentionnerons surtout les perfectionnements récents, plutôt pour faire connaître les conséquences économiques à en attendre que pour donner une description technique complète, dont nous n'aurions pas la place et dont on peut d'ailleurs trouver le détail dans divers ouvrages d'enseignement.

C'est dans le même ordre d'idées que nous envisagerons, à la fin du même chapitre, l'extraction métallurgique de l'or. Ici toutefois les progrès sont si prompts et si constants, ils ont un contre-coup si immédiat sur la production en permettant soudain de traiter des masses de minerais, dont auparavant on n'avait pas à tenir compte, qu'il pourra être utile d'insister un peu davantage en choisissant des exemples dans les grands districts, comme le Transvaal, le Colorado, l'Australie occidentale, etc., où se trouve actuellement centralisée la majeure partie de la production aurifère.

Enfin, le terrain ayant été ainsi préparé, nous pourrons aborder (IV) l'étude économique, qui forme l'objet essentiel de notre travail. Nous verrons quels ont été dans le passé et quels sont aujourd'hui les usages de l'or : usages industriels, plus importants qu'on ne le croit (sur la description desquels nous n'insisterons pourtant pas) et emploi monétaire, dont nous aurons plus spécialement à nous occuper en raison de toutes les questions récemment résolues ou encore à l'étude à ce propos. Nous chercherons à nous rendre compte de la quantité d'or que l'humanité possède et de celle que l'extraction minière peut arriver à lui fournir dans un délai restreint, afin de mettre ces chiffres en balance avec les besoins que nous nous attacherons d'autre part à évaluer : ce qui nous mènera à aborder cette question si délicate des fluctuations dans le pouvoir d'achat de l'or. Nous examinerons enfin les causes et les conséquences de l'essor actuel, les probabilités de son prolongement futur et les résultats financiers, économiques ou sociaux que ce flot d'or, épanché par les mines à raison de deux milliards par an pendant quinze ou vingt ans, peut entraîner.

L'OR
DANS LE MONDE

CHAPITRE I

ÉTUDE GÉOLOGIQUE DE L'OR

Préambule. — Caractère conventionnel de la définition d'un minerai d'or. — Séparation purement industrielle entre le minerai et le stérile. — Abaissement de la teneur moyenne avec les progrès techniques. — Rôle croissant des minerais pauvres.

§ 1. — Origine première de l'or. — Causes de sa rareté. — Ses trois grandes catégories de gisements : inclusions, filons et sédiments. — Leur importance relative.

§ 2. — Gisements primitifs de l'or. — Relations avec les roches ignées et départ de l'or dans des conditions diverses au fur et à mesure de l'ascension de ces roches en ignition dans l'écorce terrestre. — Association avec d'autres minéraux. — Conséquences pour la genèse de l'or. — Observations générales. — A. Étude spéciale de l'or en relation avec des roches granitiques. — B. Relation avec des roches volcaniques. — C. Gisements d'or pyriteux. — D. Conglomérats pyriteux aurifères. — E. Tellurures d'or.

§ 3. — Gisements de concentration secondaire. — Minerais d'altération chimique. — Filons à or natif. — Terres rouges et latérites.

§ 4. — Gisements de concentration secondaire. — Minerais de préparation mécanique. — Alluvions aurifères. — Placers.

§ 5. — Teneur en or des massifs continentaux et des mers. — Réserves en or futures. — Localisation extrême des grands gisements.

Préambule.

Dans le public et en dehors des spécialistes, quand on pense à un gisement d'or, c'est à peu près toujours pour se l'imaginer sous la forme d'une alluvion, de prospecteurs lavant le sable des cours d'eau et de pépites étincelantes. L'idée que l'on s'en fait a quelque chose de romantique. Pour les mieux renseignés, l'idée de filon intervient en outre, le filon théorique, le grand mur de minerai plongeant verticalement dans la terre, un mur que l'on se représente volontiers formé, ou à peu près, d'or massif, en sorte que Dumas fils, dans une tirade célèbre, a pu, sans étonner aucunement les spectateurs distingués des Français, montrer un explorateur parcourant les montagnes à la recherche de filons en les reconnaissant à leur sonorité sous sa botte ferrée. Il y a là une erreur préjudicielle, que la vulgarisation récente des intérêts financiers dans les mines du Transvaal a peut-être un peu contribué à rectifier, mais qu'il n'en est pas moins nécessaire tout d'abord de combattre. Elle implique, en effet, une méconnaissance complète de ce que sont réellement une mine d'or et un minerai d'or, et surtout l'ignorance de cette chaîne continue qui relie la roche qualifiée minerai à la roche estimée stérile, en ne séparant l'une de l'autre que par une barrière tout empirique et incessamment déplacée.

Le premier point, qu'il faut d'abord bien préciser et fixer dans les esprits, est que les alluvions inter-

viennent pour une part de plus en plus restreinte
dans la production de l'or : part destinée, suivant
toutes vraisemblances, à tendre vers zéro d'ici peut-
être un siècle[1] ; et le second, c'est que les grandes productions d'or, les seules qui comptent en somme, sont
fournies par des minerais généralement très pauvres :
des minerais dont la pauvreté semble s'accroître avec
le temps, bien moins par un fait d'épuisement que
par la possibilité nouvelle de traiter économiquement
des roches, dont un progrès technique a rendu la
valeur supérieure aux frais d'extraction.

Quel que soit le métal considéré, un *minerai* se
caractérise uniquement par le fait d'être « payant »
suivant l'expression anglaise. S'il ne « paye » pas, ce
n'est plus qu'un caillou vulgaire, où l'analyse a pu
néanmoins reconnaître des traces métalliques. En
cela seulement consiste la distinction pratique entre
ce minerai et le *stérile*; ce qui était stérile hier sera
minerai demain si la métallurgie se perfectionne; si,
au contraire, le prix de la substance venait à s'abaisser,
ce qui était minerai hier pourrait être estimé stérile.
En ce qui concerne l'or, dont le prix est fictivement et
par définition constant, le premier cas a toujours été
jusqu'ici le seul, et, sauf exceptions momentanées,
demeurera sans doute en moyenne le seul à se présenter, une surproduction durable d'or semblant, vu
l'intensité des besoins industriels et monétaires, au
moins d'ici longtemps peu probable. Et, comme les
traces d'or sont extrêmement disséminées dans des

1. Voir, à ce sujet, le tableau de la page 20.

montagnes entières de roches, comme la mer elle-
même en contient, dans toute son immense étendue,
des parcelles que l'analyse chimique réussit à déceler,
il suffirait que les besoins d'or vinssent à s'accroître
suffisamment, que l'on fût disposé à payer l'or assez
cher, pour qu'on pût arriver à en extraire des quantités, sinon illimitées, tout au moins très supérieures
à ce qu'envisagent les calculs les plus optimistes.

Il faut que l'on se rende bien compte d'abord de ce
point essentiel et, pour cela, que l'on envisage la
différence entre le cas d'un métal ayant fait, dès la
consolidation de l'écorce terrestre, partie intégrante
de cette écorce, sauf à se concentrer plus ou moins en
tel ou tel point, et celui d'une substance accidentelle-
ment introduite par l'activité organique dans quelques
terrains très particularisés, comme la houille, dont
les gisements, mieux connus, ont contribué à créer
l'idée fausse que je discute en ce moment. Un combustible est tout à fait distinct de la matière minérale qui l'entoure, tandis que l'or, ou tout autre
métal, dans ses gisements primitifs (non remaniés
comme les alluvions) en fait partie. Évidemment un
accroissement de prix rendrait également exploitables
une foule de lits charbonneux trop minces, trop ter-
reux ou trop profondément situés que nous négli-
geons aujourd'hui et, si l'humanité avait absolument
besoin de charbon, si elle ne trouvait aucun moyen
de s'en passer, elle en découvrirait des réserves très
supérieures à ce qu'on calcule d'ordinaire en consi-
dérant les couches de houille actuellement exploitables. Néanmoins la houille n'existe pas en dehors des

terrains sédimentaires formés autrefois à la surface
de la Terre par un dépôt dans les eaux des lacs, des
estuaires ou des mers : terrains dont l'extension superficielle est très restreinte et dont la limitation en profondeur arrive vite. Dans ces sédiments eux-mêmes,
un fort petit groupe contient des restes végétaux
carbonisés, même en quantités très faibles et, dans
ces terrains à couches charbonneuses, une préparation mécanique naturelle, analogue à celle que nous
réalisons dans nos ateliers, s'est déjà chargée de
séparer le charbon des sables ou des argiles, devenus
des grès ou des schistes, en sorte que nous ne pouvons pas ajouter grand'chose de ce chef au travail de
la nature et que, sauf dans certains cas intermédiaires
où l'industrie fait intervenir ses procédés de triage,
une couche est, nécessairement et sans contestation
possible, ou du charbon ou du stérile ; la démarcation
n'a rien d'arbitraire, d'empirique ni de momentané :
elle est absolue.

Au contraire, pour l'or, sans aller jusqu'à dire,
comme tel avocat fameux le faisait pour l'arsenic, et
comme on pourrait le dire plus justement pour le
fer, qu'on en trouve partout en cherchant bien, il est
certain que le cube des roches où une analyse chimique suffisamment délicate constaterait la présence
de l'or est immense. J'essayerai bientôt de préciser
cette idée par des chiffres relatifs à la teneur moyenne
en or des continents et des mers. Et, chose essentielle, il en est ainsi, non seulement à la surface de
la Terre, mais à toutes les profondeurs de notre
globe ; s'il intervient une modification d'ordre théo-

rique dans la proportion d'or que peut renfermer l'écorce terrestre à des distances variables de la surface, toutes les vraisemblances sont plutôt pour une augmentation quand on se rapproche suffisamment du centre. Pour avoir plus d'or, on n'a qu'à y mettre le prix, à broyer assez finement les minerais pauvres, à les traiter assez longuement et un nombre suffisant de fois par des dissolutions cyanurées ou chlorurées, enfin à descendre davantage dans les filons. Un stock de minerais inutilisés est même déjà tout prêt sur nos mines : ce sont les « haldes » que leur exploitation a rejetées comme stériles ; ce sont les massifs qu'elle a négligés comme improductifs dans tous les chantiers.

L'or vaut très cher : 3 444 fr. 44 le kilogr. ; 3 fr. 44 le gramme. Il est loin d'être le plus cher des métaux ; sans parler des terres rares, le platine le dépasse en prix de beaucoup ; néanmoins il est assez cher pour que la teneur limite, à laquelle un minerai d'or cesse d'être payant et, par conséquent, d'être exploitable, soit très faible. Contrairement au préjugé courant, ce sont les minerais pauvres et très voisins de la limite exploitable qui fournissent les grandes productions et donnent même les grands bénéfices. Il ne faut pas supposer que les beaux résultats industriels sont obtenus avec des minerais à haute teneur, assurant d'un coup un profit considérable ; c'est là une illusion trop généralement répandue parmi les amateurs de mines d'or. Les minerais très riches sont très rares et le deviennent de plus en plus avec le temps pour toutes sortes de raisons, dont les principales sont que ces minerais riches ont eu plus de chances d'attirer l'attention, par conséquent d'être déjà enlevés, au moins à la surface et, d'autre part, qu'une loi géologique, une loi nullement arbitraire, dont nous pourrons essayer de démêler les causes, ne le permet pas. Cette loi fait que l'or, métal dense et pauvre en affinités chimiques, doit être rare, nécessairement rare par suite de ses propriétés mêmes ; ses concentrations exceptionnelles, dont on a trouvé quelques cas, sont et seront toujours un phénomène très anormal. Il en est de la répartition de l'or dans les terrains comme du rendement des impôts ; en dépit des préjugés, c'est la masse, c'est le nombre, ce n'est pas l'exception, sur laquelle les regards sont violemment attirés, qui donne les résultats réels et les gros chiffres. A première vue, il paraît évident que l'abondance des minerais pauvres surpasse celle des minerais riches ; mais cette abondance grandit, avec l'abaissement de la teneur, beaucoup plus rapidement qu'on ne l'imagine.

En nous bornant aux conditions actuelles de l'industrie, un minerai d'or peut, dans certains cas, être traité pour quelques sous au mètre cube, plus communément pour quelques francs, dans les cas les plus difficiles, pour une trentaine de francs (80 ou 100 francs à la tonne). Cela correspond à des teneurs exprimées par un nombre considérable de zéros après la virgule, depuis un décigramme au mètre cube, ou 1/30 000 000 en poids jusqu'à 30 grammes à la tonne ou 1/33 000 en poids. Il est inutile de remarquer que, dans de tels minerais, l'or est presque constamment invisible. Les minerais à or visible,

que l'on peut voir dans les collections de minéralogie, ou que l'on étale dans certains cas aux vitrines
des changeurs pour attirer des actionnaires, ne sont
qu'un cas monstrueux et, d'ordinaire, correspondent
même à une irrégularité de la répartition, qui est peu
favorable à une industrie durable.

Cette importance croissante des minerais pauvres,
sur laquelle j'aurai plus d'une occasion d'insister,
prête un intérêt spécial aux formations primitives
que je définirai bientôt sous les noms d'inclusions et
de filons : formations, dans lesquelles l'or, n'ayant
été concentré, ni par voie chimique comme dans les
gîtes d'altération superficiels, ni par voie mécanique
comme dans les alluvions, se trouve en petites quantités. Ces minerais, qui ont été historiquement les
derniers découverts et mis en valeur, et dont le rôle
industriel demeure très secondaire, sont destinés à
prendre une part de plus en plus forte dans les productions futures, à mesure que les autres catégories,
plus aisément accessibles et de traitement plus facile,
s'épuiseront. Nous sommes ainsi, de toutes façons,
amenés à examiner ce genre de gisements avec un
soin spécial ; car leur étude est en outre, comme nous
allons le voir, de nature à nous éclairer sur la genèse
et l'origine profonde de l'or rencontré dans nos divers
travaux miniers.

§ 1. — **Origine première de l'or. Causes de sa rareté.** — **Ses trois grandes catégories de gisements : Inclusions, filons et sédiments.** — **Leur importance relative.**

Rareté de l'or. Ses causes géologiques. — L'or, que nos travaux ont pu, jusqu'ici, extraire de la Terre, est toujours, quelle que soit la profondeur, (très grande à notre idée), de nos travaux miniers, de l'or emprunté en réalité aux zones très superficielles de notre globe, de l'or localisé dans cette très mince pellicule supérieure de l'écorce terrestre (2 kilomètres à peine sur un rayon de 6 400), que nous sommes en mesure d'explorer. Nous l'y cherchons seulement là où il s'est trouvé concentré en proportions *anormales* : cette condition préjudicielle étant celle qui préside au choix de tous les gisements attaqués par nos travaux miniers, quelle que soit d'ailleurs la teneur absolue. Et, par une illusion d'optique, qui se reproduit dans tous les ordres de nos recherches ou de nos connaissances, prenant pour mesure type les conditions avec lesquelles l'habitude nous a familiarisés, nous envisageons comme extrêmement riches des gisements où la teneur se trouve dépasser notablement la moyenne, en fonction de laquelle le prix du métal a été, à usages égaux, déterminé. Cette teneur, pour l'or, est des plus faibles. Quand nous essayerons tout à l'heure de l'évaluer, nous arriverons à cette conclusion que l'écorce superficielle, où il peut entrer environ 4.70 p. 100 de fer, peut très approximativement être estimée contenir entre 0,000 002 5 et 0,000 000 25 p. 100 d'or, ou 1 sur 40 millions à 1 sur 400 millions.

Cette pauvreté en or de la croûte superficielle semble-t-elle correspondre à une rareté générale de l'or dans toute la constitution du globe terrestre, ou tient-elle à ce que l'or renfermé dans ce globe s'y est trouvé surtout localisé plus près du centre, en des zones vers lesquelles nous n'avons aucun accès, telle est la première question qui se pose à nous. Et, du même coup, nous sommes conduits à chercher l'origine première de l'or, les causes qui ont pu amener sa localisation dans telle ou telle partie de la Terre, les phénomènes qui ont pu entraîner son départ accidentel vers des zones plus périphériques et favoriser sa cristallisation plus abondante en quelques points d'où nous l'extrayons. Le problème a un intérêt théorique que l'on conçoit aussitôt, puisque l'hypothèse à laquelle nous serons ainsi conduits sur l'origine première de l'or et sur le processus de son départ ou de sa concentration superficielle entraînera, pour nous, la classification générale et l'interprétation de ses gisements. Il a également un intérêt pratique en nous faisant préjuger les variations à attendre pour la teneur moyenne en or quand on pénètre exceptionnellement dans la Terre, quand on se rapproche de ces zones réellement profondes et, selon toutes vraisemblances, beaucoup plus métallisées, dont on parviendra peut-être un jour à utiliser les richesses.

Les considérations générales par lesquelles je crois

donc devoir débuter se rattachent à toute une théorie métallogénique que j'ai exposée ailleurs [1] et dont je me contenterai de rappeler ici les conclusions. Il est nécessaire d'avoir ces idées d'ensemble présentes à l'esprit si l'on veut comprendre les notions de géologie, plus particulières à l'or, qui vont suivre.

Dans la théorie que je résume ici, on est amené, par toute une série de remarques fondées sur la synthèse des observations minières, à démontrer, ou plutôt à supposer très logiquement que la Terre incandescente a subi, avant sa solidification, une classification moyenne des éléments chimiques par ordre de densité. Les atomes ont dû alors se trouver écartés du centre en raison inverse de leur poids atomique : les plus légers venant se localiser dans les zones périphériques, comme si l'attraction universelle et la force centrifuge avaient été les seules forces en jeu, indépendamment de toute affinité chimique, et les métaux denses se rassemblant, au contraire, vers le centre. Ultérieurement, toute une série de déplacements, qui ont modifié cet ordre primitif et précisément déterminé les concentrations anormales où nous allons chercher et exploiter les métaux, ont été provoqués par les contractions de l'écorce terrestre, par les refusions, par les volatilisations, par les circulations internes de fumerolles volcaniques et d'eaux souterraines.

Sous une autre forme, que je crois inexacte, une loi du même genre avait déjà été aperçue par d'autres

1. *La science géologique*, p. 627 et suiv.

géologues; mais on avait alors appliqué directement l'idée d'une classification primitive au poids des substances que renferme aujourd'hui l'écorce superficielle, en admettant, d'après quelques grossières confirmations, que, plus un métal est dense, plus il est rare, sa concentration s'étant faite davantage en profondeur. C'était supposer implicitement : en premier lieu, que l'écorce solide actuelle est restée identique à la zone fluide primitive dont elle occupe la place; puis, que tous les métaux ont commencé par être d'abord en quantités équivalentes dans ce globe fluide, leur rareté plus ou moins grande étant due à leur seul classement. On avait notamment appliqué cette idée à l'or et on avait vu, dans sa densité, une explication suffisante de sa rareté superficielle, qui a déjà été maintes fois rappelée : l'or, dont la densité est 19,253, étant beaucoup plus rare que l'argent (10,474), le plomb (11,352) et surtout que le fer, le calcium, à densités de plus en plus faibles, etc. Mais, présentée ainsi, cette loi soulevait des objections de fait très nombreuses et qui sautent aux yeux : ne fût-ce que par le rapprochement résultant de leurs densités entre le plomb et l'argent; le plomb, si la loi était exacte telle qu'on l'avait formulée autrefois, devrait être plus rare que l'argent; on sait à quel point le contraire est vrai.

C'est qu'il est impossible, en effet, de considérer uniquement la densité d'un métal comme impliquant sa rareté plus ou moins grande à la surface; la quantité initiale des divers métaux nous est d'abord totalement inconnue et peut dépendre de causes tout à fait accidentelles ; mais, en outre, le phénomène qui a provoqué la localisation de ces métaux dans l'écorce est beaucoup plus complexe et dépend au moins autant des affinités chimiques par lesquelles ceux-ci ont pu être attirés vers certains métalloïdes, volatiles comme le chlore ou le soufre, et emportés ainsi à l'état de fumerolles, que de leur poids atomique. Si l'ancienne loi de la densité déterminant à elle seule la rareté est souvent (et, en particulier, dans le cas de l'or) approximativement vérifiée, cela tient à ce que, par un phénomène dont les chimistes nous doivent encore l'explication, les affinités chimiques d'un métal sont, moyennement, en raison inverse de sa densité.

Classification générale des gisements d'or. — Voici, en résumé, et sauf à revenir bientôt sur les détails, comment je crois qu'il faut se représenter les choses et comment les diverses catégories de gisements aurifères me paraissent se rattacher, par un lien originel, les unes aux autres.

Tout d'abord nous imaginons, comme on l'a vu, dans la fluidité primitive du globe, une classification initiale par ordre de densité, ayant porté les métaux lourds au centre et les éléments légers à la périphérie. Classification qui a dû être bien irrégulière et troublée, puisque ce globe en ignition était nécessairement le théâtre de mouvements tourbillonnaires, dus à des courants thermiques ou électriques, dont l'étude du soleil permet de se faire une idée. Les éléments profonds pouvaient ainsi localement, et d'une façon tout à fait accidentelle et irrégulière, se trouver transportés vers la superficie. Mais, si l'on envisage une moyenne, on conçoit que, plus ils étaient loin de la surface, c'est-à-dire plus ils étaient denses, plus ils avaient de peine à y accéder : cette difficulté pouvant toutefois être compensée (et c'est une restriction essentielle) par une plus grande affinité pour d'autres éléments susceptibles de leur prêter de la mobilité. Les derniers éléments en question sont ceux auxquels on a attribué le nom général de minéralisateurs et dont l'intervention s'est continuée dans le même sens pendant toute l'histoire des magmas pétrographiques et des concentrations métallogéniques... Un instant est venu alors, où la croûte supérieure du bain igné s'est solidifiée en scories et où l'enveloppe extérieure de vapeur d'eau et de gaz divers a été ainsi séparée des parties internes. La Terre s'est trouvée, dès ce moment, divisée en trois zones principales, dont le jeu relatif constitue toute notre géologie : 1° l'atmosphère supérieure et les mers; 2° l'écorce solide; 3° les magmas ignés et incandescents, pouvant subsister en profondeur et exercer une action vers la surface, soit par un dégagement de chaleur localisé suivant certaines lignes d'évents, soit par une émanation de fumerolles.

C'est dans les périodes suivantes que se sont produits les phénomènes géologiques proprement dits. Tantôt l'écorce terrestre s'est plissée ou disloquée sous l'effort des forces internes : d'où les chaînes montagneuses, les manifestations volcaniques, les cristallisations de *roches éruptives*, non seulement sous la forme d'épanchements superficiels, mais aussi en intrusions, en pénétrations plus profondes du type granitique, que l'action destructive des érosions a plus tard fait apparaître à la surface. Ou, dans d'autres phases de l'histoire, les saillies ainsi constituées ont été détruites par le ruissellement des eaux ; leurs débris, charriés dans les torrents, entraînés vers les bassins lacustres ou marins, y ont constitué cette catégorie de dépôts que l'on appelle les *sédiments*, et, plus spécialement, quand il s'agit d'un remaniement généralement récent par un cours d'eau, des *alluvions*.

Dans cette série de mouvements, de fusions, de classifications et de réactions qui ont constitué toute une métallurgie naturelle, on a vu alors entrer en jeu et se rassembler, sur quelques points particuliers, les métaux, empruntés aux zones plus ou moins profondes qui se trouvaient amenées momentanément et localement à intervenir. Ces métaux ont, dans cette série si compliquée de phénomènes, obéi au jeu des diverses forces naturelles déjà envisagées, en raison des facilités plus ou moins grandes qu'ils pouvaient offrir pour monter vers la surface où nous les rencontrons et pour s'y concentrer en tels ou tels gîtes exploitables.

Il y a eu d'abord des cristallisations directes de métaux dans la masse même des roches en feu, qui se consolidaient avec tous les types étudiés par notre pétrographie. Ces cristallisations, accompagnées d'une *liquation* possible, d'une *ségrégation*, d'une *différenciation*, c'est-à-dire d'une séparation et d'une concentration locale des éléments, favorisées par les minéralisateurs, ont donné une première catégorie de gîtes métallifères, les plus directement en rapport avec leur point de départ originel, les premiers par suite à étudier, mais aussi d'ordinaire, pour la même cause, ceux où la concentration a pu être la moins complète : gîtes que nous appellerons les *inclusions* et les *ségrégations.*

Après quoi viennent les *gîtes de dépôt hydrothermal,* ou filons : les fissures de forme et d'origine quelconque, où ont cristallisé des métaux montés en solution dans des eaux chaudes, qui avaient commencé par se métalliser au contact de vapeurs ou fumerolles émanées des magmas rocheux précédents. Ces filons, représentant un second stade de la métallurgie naturelle, par laquelle la nature a constamment travaillé à remettre de l'ordre dans les éléments dispersés et à nous les présenter sous une forme plus accessible, sont déjà généralement plus riches que les inclusions et constituent un type de gisements plus fructueusement et plus fréquemment exploités.

Enfin, ces filons eux-mêmes, ou ces inclusions, ont pu être l'objet d'altérations superficielles effectuées, dans les roches et les filons, par leur contact avec les eaux de surface toujours chargées de principes chimiques, dont les plus abondants et les plus actifs sont l'acide carbonique et l'oxygène. Il en est résulté : soit une transformation sur place par voie chimique, qui a donné ce qu'on appelle les *gîtes d'altération;* soit un déplacement par voie de dissolution. Ou encore le contact érosif des eaux superficielles sur les affleurements déjà altérés a pu provoquer un remaniement mécanique, dont procèdent les *sédiments* et les *alluvions*.

Ces considérations, que nous allons maintenant appliquer à l'or, ne sont pas propres à ce métal ; mais je ne les crois pas assez vulgarisées pour avoir pu me dispenser de ce petit cours de métallogénie.

Proportion relative des diverses catégories de gîtes aurifères. — Dans le cas plus particulier de l'or, toutes les catégories précédemment énumérées sont représentées en pratique et peuvent offrir une importance industrielle : ce qui n'arrive pas pour d'autres métaux plus communs, moins précieux, dont les gisements très concentrés, très enrichis, tels que les sédiments ou les altérations superficielles de filons, ont seuls de la valeur. Mais, pour l'or lui aussi, ces formes d'enrichissement ont commencé par donner des minerais particulièrement fructueux et faciles à exploiter ou à traiter métallurgiquement, sur lesquels ont porté les exploitations les plus anciennes. L'ordre historique des travaux miniers est donc, soit dans l'ensemble de l'histoire, soit dans le cas particulier d'une région déterminée, généralement l'inverse de celui que nous venons d'exposer en suivant logiquement les phases par lesquelles ont pu passer les métaux dans les remaniements géologiques. D'ordinaire, on a commencé par découvrir les alluvions les plus récentes, où le travail de préparation mécanique avait été poussé le plus loin et succédait à un enrichissement par altération, lui-même particulièrement avancé. C'est dans ces alluvions que l'on a trouvé, au début, ces pépites d'or natif et cette poudre d'or, qui symbolisent, comme je le disais en commençant, l'idée d'une mine d'or pour la plupart des gens. Après quoi, ces alluvions épuisées, on a cherché les gîtes primitifs dans les filons ou les roches, mais encore pour en attaquer au début la partie superficielle, l'affleurement, que les altérations oxydantes, produites par la circulation des eaux, ont habituellement rendu plus riche en or libre ou aisément amalgamable. Là encore on a eu des conditions faciles, qui disparaissent quand on pénètre un peu sérieusement dans la profondeur, comme on y est bien vite amené, dans chaque centre minier, par le progrès des travaux et comme, pour l'ensemble de la Terre, l'exploration de plus en plus avancée du sol y conduit aussi.

Dans les exploitations aurifères, la période facile, où l'or provient d'alluvions, est tout à fait momentanée et ne se réalise, suivant une remarque souvent citée de de Humboldt dont on aperçoit aussitôt la cause, que dans les zones périphériques de la civilisation, dans les « Marches » avancées, qui lui servent de frontières. A mesure que la prise de possession de la Terre avance, cette catégorie de gîtes tend à disparaître : les découvertes nouvelles, quelque sensationnelles qu'elles puissent être, ne suffisant pas à remplacer l'épuisement des districts plus anciens. Partout où l'homme est installé depuis quelque temps, il n'y a plus à compter découvrir de ces gisements alluvionnaires, la présence de l'or y étant beaucoup trop facile à constater et, en raison du prestige qu'exerce le métal jaune, trop vite reconnue par les moins experts, et le travail de ces minerais se bornant, d'autre part, à une petite opération trop rudimentaire, à la portée de tous. Il ne reste plus aujourd'hui, à proprement parler, d'alluvions aurifères que dans les parties très défavorisées de la nature, sous les glaces, les neiges ou les tourbes marécageuses des régions boréales, dans les forêts pestilentielles des tropiques, dans les déserts, dans quelques hautes vallées de chaînes montagneuses. Ailleurs, les alluvions qui subsistent et dont la plupart sont depuis longtemps connues, bien qu'on les redécouvre avec fracas de temps en temps, sont, ou bien, comme dans la vallée du Pô ou la plaine de Grenade, tellement pauvres qu'il serait impossible de couvrir les frais d'extraction, ou bien recouvertes par des terrains plus récents et des coulées de laves qui en font, en réalité, des gîtes profonds, ou enfin, comme en Californie, situées dans un pays où la loi interdit, pour protéger un autre genre de richesses, celles de la culture, l'emploi des seules méthodes susceptibles de donner un produit fructueux.

Le tableau suivant, dont les premières colonnes sont empruntées à M. Suess et dont j'ai essayé de calculer la dernière en partant des données encore incomplètes que l'on possède pour 1905, est fort caractéristique à cet égard et d'autant plus qu'il s'agit, en somme, d'une courte période de soixante ans dans l'histoire de l'humanité.

**Proportion relative de l'or produit
par les trois principales catégories de gisements.**

	1848-75	1876	1890	1905
Alluvions	87,78 p. 100	65,28	44,20	15
Filons	12,02 —	31,76	47,80	57,50
Sédiments (conglo-mérats du Transvaal)	»	»	8.00	27,5

Actuellement, le rôle des alluvions est restreint à
un assez petit nombre de régions, dont les principales sont : d'abord la Sibérie, où elles s'épuisent
vite, comme suffirait à le montrer la baisse progressive de la production russe; puis les districts arcti-
ques du Cap Nome ou du Yukon dans le Nord-Ouest
américain, la Nouvelle-Zélande, les Guyanes, la Rhodésia et quelques centres très secondaires comme
Madagascar. Certains sédiments à forme de conglomérats (dont l'origine réelle peut d'ailleurs être filonienne et qui, en tout cas, se présentent industriellement comme des filons) ont pris momentanément
une importance considérable avec le Transvaal et le
très faible appoint de l'Ouest africain. Partout ailleurs,
et notamment dans les États-Unis proprement dits,
on n'exploite plus guère que des filons, les abatages
hydrauliques de la Californie ayant été interrompus;
et l'on voit très vite arriver le moment où il en sera
de même dans le monde entier.

§ 2. — **Gisements primitifs de l'or.** — **R**elations avec les roches ignées et départ de l'or dans des conditions diverses au fur et à mesure de l'ascension de ces roches en ignition dans l'écorce terrestre. — **Asso**ciations avec d'autres minéraux. — **Conséquences pour la genèse de l'or.** — **Observations générales.** — **Gisements d'or pyriteux.** — **Conglomérats pyriteux auriffères.** — **Tellurures d'or.**

Ainsi que je viens de le rappeler brièvement, dans notre théorie métallogénique, l'or s'est, comme tous les autres métaux, concentré d'abord, à l'état de ce que nous appelons les *gisements primitifs* (inclusions ou filons), par une action de métallurgie ignée exercée sur un magma éruptif, avec intervention de fumerolles [1] métallisantes et d'eaux chaudes. Ce sont ces gisements primitifs qui ont été plus tard altérés et remaniés chimiquement ou mécaniquement pour former les *gisements* dits *secondaires* : altérations sur place, sédiments et alluvions. Il convient donc, pour comprendre la genèse de l'or, d'examiner, avant tout, la relation du métal avec les roches ignées, le rôle des fumerolles, et les associations minérales qui en résultent.

Il me sera difficile de le faire sans employer quelques termes techniques, qui pourront rendre la lecture de ce paragraphe un peu ardue pour les non-spécialistes [2]. Je ne crois pas néanmoins devoir passer

1. *Fumerolles.* Vapeurs généralement chlorurées, sulfurées ou carburées que dégagent les roches volcaniques avec un excès de vapeur d'eau.

2. D'une façon générale, on trouvera l'explication de tous les

sous silence ces considérations, qui présentent quelque intérêt théorique (notamment pour la chimie minérale) et même quelque valeur pratique, et auxquelles nous aurons à renvoyer dans la suite.

Les idées générales que je vais essayer, à cette occasion, d'exposer pour la métallogénie de l'or sont, en partie, nouvelles [1]. Peu de sujets ont été, en effet, plus complètement renouvelés depuis un demi-siècle, et non pas seulement par le progrès naturel des connaissances géologiques, mais plus encore peut-être parce que chaque découverte d'un nouveau grand district aurifère est venue troubler les idées admises jusque-là, en apportant un type inusité qu'il devenait nécessaire de faire entrer violemment, et par effraction, dans les théories précédemment admises. Bien qu'il y ait là une évolution tout à fait normale en industrie, puisque les formes déjà connues d'une substance, ayant déjà été explorées et exploitées, se prêtent malaisément à des découvertes retentissantes, le fait ne s'est nullement traduit avec la même intensité pour les autres métaux, tels que le plomb, le zinc, le cuivre, etc., à l'occasion desquels on a pu s'endormir pacifiquement sur un « siège déjà fait ». Au contraire, voyons ce qui s'est produit pour l'or. Avant 1847, on pouvait soutenir que tout l'or venait des terrains anciens. C'était l'époque où l'or arrivait de la Sibérie et de quelques gîtes européens.

termes géologiques dans le petit dictionnaire annexé à ma *Géologie pratique* (Librairie Armand Colin, 1901).

1. Les éléments principaux de cette étude ont paru pour la première fois dans la *Revue générale des sciences* du 30 juin 1906.

Sur quoi on trouve, en 1848, les gisements de Californie en filons tertiaires. L'or de l'Australie Orientale, exploité depuis 1850, est également en filons. On ne voit donc plus, pendant longtemps, que grands filons de quartz aurifère, que fractures filoniennes bien nettes. Mais, en 1887, on découvre le Witwatersrand, et voici l'or dans le ciment d'un conglomérat primaire. Alors les prospecteurs parcourent, non seulement l'Afrique du Sud, mais les autres continents, à la recherche des conglomérats. Et, maintenant, ce sont les tellurures, qui, à Cripple Creek (au Colorado) comme à Kalgoorlie (en Australie occidentale), alimentent deux des principaux champs aurifères du monde... Ces transformations successives dans l'allure des grands gisements d'or, sur lesquels l'attention est le plus attirée, sont faites pour nous inspirer beaucoup de réserve dans nos théories, et il faut bien avouer que, même aujourd'hui, même après tous les progrès réalisés depuis quelques années, nos connaissances sur la métallogénie de l'or ne sont pas encore complètement assises. Un certain nombre de points principaux semblent cependant, dès aujourd'hui, fixés, et ce sont ceux-là que je vais surtout résumer.

Association de l'or avec les roches ignées. — Généralités. — L'association originelle de l'or avec une roche éruptive cristallisée à une profondeur plus ou moins grande est, on l'aura remarqué, le point fondamental de toute notre théorie sur la venue de l'or en quelques points d'élection, où nous le rencontrons dans nos mines parce que ce phénomène interne l'y a apporté et déposé à une distance de la superficie qui pouvait être très grande au moment où le dépôt s'est fait, mais que le travail prolongé des érosions, en détruisant toute la croûte extérieure des terrains superposés, a réduite à zéro.

Cette considération de la profondeur originelle, à laquelle se sont formées les roches et déposés les métaux, est trop peu connue encore pour que je n'y insiste pas. Il ne faut, en effet, jamais oublier, quand on examine un point quelconque de la Terre aujourd'hui superficiel, que ce point, où nous rencontrons un affleurement rocheux ou métallifère, a pu se trouver — à l'époque lointaine où cette roche, ce minerai s'y sont consolidés — à plusieurs kilomètres au-dessous de la superficie, à une profondeur souvent beaucoup plus grande que celles dont il est question dans nos travaux de mines. Ainsi il est parfaitement connu que le granite a toujours cristallisé à de grandes profondeurs, dans les conditions d'homogénéité et de pression que cette profondeur entraînait; d'autres roches, que nous appelons les microgranulites ou les porphyres, se sont élevées davantage vers la superficie; d'autres, enfin, ont pu venir jusqu'au jour et s'y épancher à la façon de nos coulées volcaniques. Mais, plus on considère des massifs terrestres d'ancienne formation, plus ce dernier genre de coulées superficielles intervient rarement : les coulées de cette période ayant été plus exposées à disparaître par l'effet d'une érosion qui s'est exercée plus longtemps sur elles que sur les plus récentes. Les observations, que nous faisons ainsi à la surface même, ou dans nos petits puits de mine si peu profonds en réalité, nous amènent, suivant les régions et suivant le temps auquel remonte la consolidation sous leur type actuel des roches étudiées, à toucher et à explorer des formations, dont la profondeur primitive a pu être de deux, cinq, dix ou même vingt kilomètres au-dessous de la superficie.

C'est en nous pénétrant de cette idée que nous allons passer en revue les diverses associations de l'or avec des roches éruptives diverses, en nous attachant à suivre en quelque sorte l'ascension de ces magmas ignés et leur cristallisation sous des formes pétrographiques variables à diverses profondeurs, avec départ de fumerolles aurifères, de « bouffées » entraînant de l'or et le livrant aux circulations souterraines d'eaux surchauffées dans des conditions que nous nous attacherons à préciser. Notre but est, d'abord, de bien mettre en évidence, pour la démontrer par l'expérience dans ce cas particulier de l'or, l'idée essentielle de toute théorie sur les minerais, qui est leur relation d'origine avec des roches éruptives plus ou moins profondes dont ils dérivent et, en second lieu, de caractériser cette relation dans le cas particulier de l'or.

Les principaux cas où l'or a pu cristalliser dans un gisement primitif (inclusion, ségrégation ou filon), en relation plus ou moins directe avec une roche éruptive, se ramènent à cinq types principaux, que nous allons énumérer successivement en partant des roches à cristallisation plus profonde pour arriver aux roches à cristallisation plus superficielle. Quelques-uns de ces cinq cas principaux peuvent, à leur tour, se subdiviser.

1° *Relation avec des roches à structure granitique. Groupes stannifère et cuprifère.* — Très souvent, l'or a dû se dégager en profondeur d'un magma à structure granitique dans des conditions qui le rapprochent du groupe stannifère (étain, bismuth, tungstène, etc.).

(*a*) Il peut alors être directement en inclusions dans de telles roches, soit dans des granites, soit surtout dans des granites à mica blanc, soit encore (peut-être quand le magma granitique a absorbé et s'est assimilé des sédiments calcaires) dans des roches vertes, diorites, etc.

(*b*) Il peut encore s'être isolé de ce granite à l'état de filons : filons analogues à ceux d'étain, c'est-à-dire appartenant au groupe des granites à mica blanc, pegmatites, ou, enfin, simplement quartzeux par élimination des éléments autres que la silice. La chalcopyrite intervient fréquemment dans ces filons, souvent aussi l'arsenic à l'état de mispickel [1].

(*c*) Enfin, il semble bien qu'on doive rattacher à ce groupe toute la série de gisements, très importants en industrie, qui constituent, — dans les terrains cristallins ayant pris, par des réactions métamorphiques [2] profondes, l'allure de gneiss, micaschistes,

---

1. *Chalcopyrite*. Sulfure de cuivre et de fer. *Mispickel*, sulfo-arséniure de fer.

2. *Métamorphisme*. Transformation d'un terrain ou d'une roche par des réactions postérieures à leur formation.

schistes amphiboliques, etc., — des imprégnations, des lentilles, des fahlbandes [1], etc., à minéralisation de pyrite, mispickel ou chalcopyrite aurifère.

Dans ce cas, l'association avec le granite ne se manifeste pas, en général, explicitement; mais la réaction de profondeur, qui a introduit l'or dans les éléments mêmes du ciment métamorphique, est bien caractérisée, et cette réaction paraît souvent devoir être attribuée aux interventions de magmas ignés, dont le granite est un des termes caractéristiques et dont les autres formes plus basiques peuvent être beaucoup plutôt attribuables à des endomorphoses [2] de roches encaissantes refondues qu'à des différenciations [3] proprement dites.

Ces imprégnations aurifères dans les terrains métamorphiques sont extrêmement multipliées en Sibérie (Léna et Zéia), en Guyane, au Brésil, dans l'Afrique centrale, etc. Il est à noter que, dans ce groupe. l'or suit le même sort que le cuivre, avec lequel il avait pu déjà se rencontrer dans les filons du groupe à type stannifère (*b*), mais qui ici se sépare nettement de l'étain. Il est, d'ordinaire, associé au soufre et au sélénium (pyrites de fer, etc.); mais l'arsenic est également un élément fréquent (mispickel, etc.).

2° *Relation avec des roches porphyroïdes. Groupe de l'antimoine.* — Des intrusions plus superficielles de

1. *Fahlbande.* Terme employé par les mineurs allemands pour désigner des zones schisteuses à minéralisation sulfurée.

2. *Endomorphose.* Action exercée sur une roche éruptive par le terrain encaissant dont elle absorbe des parties.

3. *Différenciation.* Travail chimique de séparation, de liquation dans les éléments d'un bain en fusion.

magmas ignés, ayant pris la forme des granulites[1] porphyroïdes, puis des microgranulites[2], peuvent être encore accompagnées d'or. C'est un type de gisements qui est souvent caractérisé par la présence de l'antimoine : métal assez analogue à l'étain par sa cristallisation en filons quartzeux hétérogènes du groupe pegmatoïde, fréquemment associés à de tels types de roches en dykes[3] ou nappes d'intrusion, mais métal qui semble néanmoins s'être écarté plus loin des roches mères, ayant été maintenu plus facilement en dissolution. Nous aurons à citer des cas nombreux de stibines aurifères[4].

3° *Groupe plombo-argentifère.* — Il faut, sans doute. rattacher à un groupe analogue, avec un « départ » un peu plus avancé, avec une séparation plus grande de la roche mère qui a apporté l'or de la profondeur, toute la série de filons complexes du groupe plombo-argentifère, où l'or joue souvent un rôle notable, et particulièrement, ce semble, quand l'argent s'est en même temps développé. En dehors du soufre, qui est à peu près constant pour tous les minerais aurifères, l'apparition de l'or dans ce genre de gisements paraît être quelquefois reliée à la pré-

---

1. *Granulite.* Granite à mica blanc, paraissant s'être constitué par des réactions où les eaux chaudes chargées de carbonates alcalins et les fumerolles chlorurées sont plus intervenues que pour les granites proprement dits.

2. *Microgranulites.* Roches ignées. d'aspect porphyrique quand on les examine à l'œil nu. que l'examen microscopique révèle semblables à des granulites et qui. en moyenne, paraissent avoir cristallisé plus près de la surface que les granulites, quoique d'ordinaire encore en intrusions souterraines.

3. *Dyke.* Filon de roche éruptive.

4. Page 38.

sence, soit de l'arsenic, soit du fluor, que nous allons voir bientôt prendre un caractère de plus en plus important dans les gîtes suivants.

4° *Relation avec des roches éruptives récentes. Filons auro-argentifères.* — Les filons auro-argentifères proprement dits constituent un groupe bien connu, très abondant et d'une grande importance industrielle. La plupart d'entre eux, sinon la totalité, semblent déjà en rapport avec les parties hautes, presque superficielles, des phénomènes éruptifs et se trouvent, par conséquent, de préférence avec les roches tertiaires, puisque celles-ci ont été, en principe, moins profondément décapées que les roches anciennes, ayant été soumises à une moins longue érosion et nous montrent donc au jour leurs parties plus hautes. Ces filons, qui peuvent passer, soit au type précédent, soit au type suivant et qui se mélangent souvent avec des filons complexes ou avec des filons tellurés, apparaissent très fréquemment dans la ceinture volcanique de l'océan Pacifique, en de nombreux points de l'Ouest américain ou du Mexique, en Transylvanie, etc. Beaucoup d'entre eux (Colorado, Nevada, etc.) sont en relation nette avec des foyers néo-volcaniques, c'est-à-dire avec des parties relativement hautes des intrusions éruptives.

La très grande richesse en métaux précieux de toute la région ouest-américaine, de l'Alaska à la Terre de Feu, tient peut-être simplement à l'âge ordinaire des plissements subis par les terrains de cette zone. Ces plissements, commencés pendant le secondaire, continués pendant le tertiaire, sont assez

anciens pour que l'érosion y ait mis à nu une zone
métallisée, non encore amenée au jour dans nos
Alpes ou nos Pyrénées trop récentes, et ne sont
pourtant pas assez vieux pour que cette zone métallisée, dont nous croyons la hauteur verticale limitée
et localisée dans l'écorce, ait été entièrement détruite
comme ailleurs, dans des massifs plus anciens.

3° *Relation avec des roches volcaniques. Assimilation au groupe mercuriel.* — Enfin, les fumerolles
aurifères ont dû pouvoir se dégager jusqu'au voisinage de la surface, en connexion directe avec des
phénomènes d'intrusion éruptive à caractère volcanique; car on rencontre l'or à l'état de filons très
nombreux, très irréguliers, parfois de formes très
bizarres, dans un certain nombre de centres volcaniques, qui paraissent avoir été à peine entamés par
l'érosion et où l'on retrouve conservés, sinon les cra-
tères eux-mêmes, du moins les cheminées ascension-
nelles, les nappes d'épanchement éruptives : par conséquent, dans des conditions qui rappelleraient
presque celles des gîtes mercuriels. L'or est alors
associé avec des minéralisateurs actifs, dont le fluor
est le principal; la fluorine[1] est une gangue caractéristique de ce genre de filons, qui présentent souvent
l'or combiné au tellure sous forme de tellurures d'or
et d'argent, dans lesquels, par un rapprochement
que je viens de faire prévoir, le mercure peut intervenir comme élément constituant. Tel est le cas de
quelques grands et très riches centres de production

---

1. *Fluorine*. Fluorure de calcium.

aurifère, comme Cripple-Creek au Colorado, Kalgoorlie en Australie, la Transylvanie, etc.

Ainsi donc, nous venons de voir, par une évolution progressive, à mesure que nous envisagions des magmas ignés de plus en plus voisins de la surface, l'or entrer dans les divers groupes caractérisés par tel ou tel métal dont la prédominance correspond en principe à ces formes de roches de plus en plus superficielles, c'est-à-dire cristallisées sous une pression de moins en moins accentuée : d'abord dans le groupe de l'étain $(1°, a, b)$; puis dans celui du cuivre $(1°, b, c)$ ou dans celui de l'antimoine $(2°)$; dans celui du plomb argentifère et des B.P.G. [1] $(3°, 4°)$ et même dans celui du mercure $(5°)$.

En même temps que les types des roches associées, granites, puis porphyres, puis trachytes, à temps de consolidation de plus en plus distincts, les types de gisements eux-mêmes se modifient avec les progrès de cette ascension vers la surface, depuis les amas de ségrégation ou filons de contact profonds, jusqu'aux grands filons de fracture plombo-argentifères ou auro-argentifères et enfin aux réseaux de veinules éparpillées presque superficielles avec fluorine et tellurures.

Il semble donc que, dans les cas spéciaux où le bain de fusion initial contenait de l'or en profondeur, cet or ait pu s'en dégager à des niveaux divers de l'ascension interne, en combinaison ou en association avec des minéralisateurs très divers, qui, ainsi

1. B. P. G. Abréviation de blende, pyrite, galène, sulfures de zinc, fer et plomb, constamment associés.

que nous allons le voir, comprennent à peu près
toute la série des métalloïdes, avec prédominance
probable des chlorurofluorures, du soufre, du tellure,
de l'arsenic, et de l'antimoine.

Ailleurs, et de beaucoup le plus généralement, des
roches tout à fait identiques à celles d'où paraissent
dériver les gîtes aurifères ne contiennent aucune
trace d'or. Il faut donc nécessairement faire intervenir (comme, à des degrés plus ou moins marqués,
suivant leur rareté moyenne, pour tous les autres
métaux) un phénomène originel, relativement profond, qui, en tel ou tel point du globe, avait déjà
concentré l'or dans les magmas ignés initiaux, et
l'origine première de cet or me paraît, en raison de
sa densité, devoir être cherchée dans ces zones
internes de notre planète, avec lesquelles notre
superficie n'a eu que de rares, accidentelles et éphé-
mères communications par quelque bouffée ou fume-
rolle.

**Associations minéralogiques de l'or. Rôle des
minéralisateurs.** — Voyons maintenant quelles sont,
dans ces divers types de gisements, les associations
de l'or, qui vont nous aider à comprendre les caractères de cette métallurgie naturelle.

Ces associations, ainsi que je viens de le montrer
incidemment, varient suivant la nature des gisements
où l'on exploite l'or. Les plus constantes sont celles
qui rapprocheront de l'or : le quartz (sa gangue à peu
près constante), la pyrite de fer, et l'on doit ajouter
l'argent, auquel on songe moins, mais qui occupe

généralement une place importante dans les impuretés de l'or natif.

Il faut, en effet, rappeler aussitôt que l'or natif et l'or obtenu par les divers procédés métallurgiques avant raffinage sont toujours impurs et diffèrent de l'or fin par la présence d'autres métaux, surtout d'argent, puis de cuivre, puis de fer, en proportion qui peut atteindre 36 à 38 p. 100 d'argent dans les électrums. Très habituellement, la teneur en or fin de l'or natif varie de 85 à 95 p. 100; elle atteint assez rarement 98 à 99, et la presque totalité du résidu est faite d'argent, avec du cuivre qui ne dépasse pas 0,40, du fer allant exceptionnellement à 3,75, et, dans quelques cas très rares, un peu de platine [1]. En Californie, l'or en poudre fine est seulement à 850 ou 870 millièmes, les plus gros morceaux à 950. Au Klondyke, ce titre est particulièrement faible : en moyenne 850, et souvent à peine 700. La presque totalité des gisements d'or présente donc cette association de l'or et de l'argent, qui a été surtout remarquée dans le groupe des filons auro-argentifères à argent dominant [2].

1. L'or du Mount Morgan, à 997 de fin et 3 millièmes de cuivre, est un produit tout à fait exceptionnel.

2. Notons, à ce propos, l'idée récemment suggérée par l'étude du radium, d'après laquelle certaines associations fréquentes d'un métal rare à un métal commun (argent et plomb, or et argent, or et cuivre, etc.) seraient le produit d'une transmutation spontanée et continue, opérée depuis les temps géologiques sur un élément d'abord unique. On s'est même demandé si la proportion de l'argent au plomb, de l'or au cuivre ou au fer dans un gisement, ne permettrait pas, dès lors, de calculer en années l'âge de celui-ci; si même, en analysant des pièces d'or historiquement datées, on n'y découvrirait pas un indice d'évolu-

L'association de l'or avec la pyrite, ou sulfure de fer, est tellement constante et tellement caractéristique qu'il suffit de la signaler sans y insister. Cette pyrite est rarement remplacée par de la pyrrhotine [1]; elle est assez fréquemment associée à du mispickel et souvent accompagnée d'autres sulfures complexes, qui peuvent être eux-mêmes aurifères, en premier lieu de chalcopyrites.

Quand l'or est ainsi accompagné de pyrite, c'est dans les pyrites mêmes qu'il y a, d'ordinaire, lieu de chercher l'or. Par exemple, en Californie, les pyrites préparées mécaniquement arrivent à contenir 150 grammes d'or à la tonne et même parfois plus. L'or extrêmement fin [2] est disséminé dans cette pyrite sans qu'il semble y avoir combinaison, et, dans certains cas, on s'est demandé si la pyrite préexistante n'aurait pas joué le rôle d'un réactif précipitant sur des disso-

tion par la nature et la proportion des substances accessoires. Mais, en admettant qu'il y ait quelque chose de vrai dans cette hypothèse très hardie, ses conclusions géologiques ne seraient pas exactes, et trop d'autres phénomènes indépendants, beaucoup plus essentiels, masqueraient celui-là. En effet, l'abondance la plus grande des métaux précieux, que l'on a supposé représenter un stade avancé de l'évolution, se trouve précisément dans les filons particulièrement récents de l'Ouest américain, du Mexique, etc. De plus, les associations des métaux précieux aux métaux communs ne sont nullement constantes ni en proportions définies. Il existe fréquemment de l'argent sans plomb, ne fût-ce que dans des filons d'or, et la relation proposée de l'or au cuivre est encore bien moins générale. Je reviendrai sur ces proportions relatives des métaux associés, page 54.

1. *Pyrrhotine.* Sulfure de fer magnétique souvent cuprifère ou nickélifère. Rencontré notamment à Charters Towers au Queensland, Passagem au Brésil, etc.

2. On a reconnu, dans le quartz aurifère, des particules d'or n'ayant qu'un 480e de millimètre.

lutions aurifères ultérieurement mises en contact avec elle.

Enfin le quartz, malgré tous les efforts faits pour distinguer par des caractères généraux et constants un quartz aurifère d'un quartz stérile, peut avoir, dans les filons d'or, des aspects très divers, auxquels la dissémination des sulfures métalliques prête seule quelque chose de particulier : teinte grise en profondeur, cavités bulleuses plus ou moins rouillées par de l'oxyde de fer aux affleurements. Les inclusions liquides microscopiques, abondantes dans le quartz aurifère comme dans le quartz stannifère ou, plus généralement, dans les quartz des filons pegmatoïdes, forment souvent des files qui passent d'un individu cristallin à l'autre sans s'interrompre.

A ces associations presque constantes de l'or, il faut ajouter celles, variables suivant la nature des gisements, qui ont un caractère plus accidentel, et pour lesquelles je vais donc être forcé de préciser par une énumération un peu aride de gisements.

L'or dans les roches (1°, *a*) et l'or en filons de granulite ou directement dérivés des granulites (1°, *b*) se trouvent dans des conditions qui rappellent, comme je l'ai dit, le groupe stannifère. Il est donc tout naturel que l'on ait observé le passage des quartz aurifères aux aplites [1], pegmatites, etc., et reconnu, dans ces quartz, les minéraux ordinaires des granulites ou les métaux du groupe stannifère (étain, bismuth, molybdène, tungstène, etc.).

1. *Aplite.* Granulite à grain très fin, souvent associée aux gîtes d'étain.

L'étain lui-même est associé à l'or avec de la tourmaline[1] dans les Appalaches sud ; dans la région de l'Onon, en Transbaïkalie, gîtes d'or et gîtes d'étain s'associent ; il en était de même pour les anciens gisements d'or de notre Plateau central, et nombreux sont les cas où l'or d'alluvions est mêlé à de la cassitérite. Le bismuth existe avec l'or à Falun (Suède), à Bömmelö (Norvège), en Bolivie (région également caractérisée par le rapprochement du cuivre, de l'étain et de l'argent avec l'or), à Passagem au Brésil, à Dahlonega en Géorgie, à Glynn (Lydenburg)[2], à Pilgrimsrest au Transvaal, etc. On peut avoir alors la combinaison du bismuth au sélénium (Falun) ou au tellure (Dahlonega). Le molybdène se présente avec de l'or et du mispickel en Californie, dans les Tauern, à Masinga (Mozambique), à Remolinos (Chili).

Le mispickel, qui est un élément si normal des filons stannifères, se retrouve aussi très abondant dans une foule de gîtes aurifères : Pestarena dans les Alpes ; Bonnac (Cantal) ; Tcheliabinsk (Oural) ; Kotchkar (Sibérie) ; la Californie ; Passagem et Pary (Brésil) ; Santa Cruz (Honduras) ; le Matabele en Rhodesia ; etc.

Comme minéraux, il y a lieu de signaler l'association fréquente avec l'or de la tourmaline, minéral boraté, dont on connaît assez les relations habituelles d'origine avec les granites à mica blanc et que je viens

---

1. La tourmaline, minéral boraté et fluoré, est un élément fréquent des granulites.

2. Pour ces gisements sud-africains, voir L. de Launay : *Les richesses minérales de l'Afrique*, Paris, Béranger, 1903, où j'ai donné, p. 26, un résumé des associations de l'or en Afrique.

déjà de mentionner à propos de l'étain dans les Appalaches.

Cette association est très caractéristique à Passagem (Brésil), où le mispickel aurifère a une gangue de tourmaline, avec bismuth, pyrrhotine et galène. On l'a retrouvée récemment à Madagascar (Beforona). Mais elle est surtout fréquente dans les filons de notre groupe (1°, *b*), où domine le cuivre (associé lui-même fréquemment à l'étain, comme on le sait, dans les départs de roches acides, aussi bien au Cornwall qu'en Bolivie et au Yunnan).

Tels sont les gisements de Svartdal en Telemark, de Berezowsk dans l'Oural, où se présente, en outre, une association assez rare de l'or avec le chrome[1], de Meadow Lake en Californie, de Remolinos, de Guanaco et Andacollo au Chili, etc.

Indépendamment de la tourmaline, les chalcopyrites aurifères sont une des formes les plus fréquentes de minerais d'or (Malmani et Lydenburg au Transvaal, Kansanshi en Rhodesia, Namaqualand, Remolinos au Chili, Boundary en Colombie britannique et côte de Vancouver).

Dans le groupe (1°, *c*) des imprégnations sulfurées aurifères en terrains métamorphiques, nous retrouvons l'or habituellement associé avec pyrite de fer, mispickel, chalcopyrite et, accessoirement, pyrrhotine, aussi bien dans les Alpes que dans l'Afrique centrale ou le Brésil.

Souvent, dans ces gisements comme dans les filons

1. On retrouve de même l'or avec crocoïse (chromate de plomb) et galène en Rhodesia, dans le Manica (Penhalanga).

précédents, apparaissent, avec ces sulfures dominants de fer et de cuivre, quelques autres sulfures accessoires de plomb, zinc, cobalt, pouvant eux aussi contenir un peu d'or, qui conduisent, par des transitions progressives, au groupe plombo-argentifère, dont il sera question plus loin.

Les exemples de stibines[1] aurifères (2°) passaient autrefois pour assez rares ; ils se sont beaucoup multipliés dans ces derniers temps et ont souvent paru localement très riches en or avec une richesse irrégulière. On peut citer Gravelotte en Murchison Range, la mine Inez en Mashonaland, Armida dans la Nouvelle Galles du Sud, Majurka et Kremnitz en Hongrie, Krasnahora et Milesov en Bohême, Goldkronach dans le Fichtel Gebirge et, en France même, la mine de la Lucette dans la Mayenne, dont l'exploitation récemment commencée pour or (après avoir été longtemps poursuivie pour antimoine) a paru donner de grandes promesses.

La même association de l'or et de l'antimoine, sous une forme un peu différente et cette fois avec intervention du cuivre, se retrouve dans les cuivres gris[2] aurifères de la région d'Huanchaca en Bolivie, et l'on verra bientôt des exemples de filons complexes plombo-argentifères avec or et antimoine.

Le type des filons plombo-argentifères (3°) est, d'ordinaire, caractérisé par des groupements de sulfures complexes, dont nous aurions déjà pu citer des exemples dans nombre de gisements signalés précé-

1. *Stibine.* Sulfure d'antimoine.
2. *Cuivres gris.* Sulfo-antimoniures ou sulfo-arséniures de cuivre.

demment. Ainsi les filons californiens peuvent, avec la pyrite aurifère, renfermer galène, blende, pana-base[1] et même cinabre[2].

A Ymir (Nelson) dans la Colombie britannique, comme à Leadville au Colorado, comme à Berezowsk dans l'Oural, déjà cité plus haut, on trouve la pyrite aurifère associée à la galène, parfois avec intervention de molybdène (Leadville), ailleurs de chrome (Berezowsk).

Nous allons, d'ailleurs, retrouver la galène dans le groupe auro-argentifère dont il va être question; mais, auparavant, il faut encore citer l'association de l'or et du cobalt (cobaltines et smaltines[3] aurifères du district de Middelburg au Transvaal).

Comme exemple de filons auro-argentifères (4°), je signalerai d'abord le fameux filon du Comstock en Nevada, dont les minerais, dans la partie utilisée, étaient surtout des formes altérées argentifères, mais qui, en profondeur, contenait, avec pyrites et chalco-pyrites, galène, blende, etc.

A Custer County, dans le Colorado, apparaissent, en outre des mêmes sulfures, des tellurures, qui marquent le passage aux gisements du groupe suivant. Dans le groupe de Thames, en Nouvelle-Zélande, à ces mêmes sulfures complexes vient, d'autre part, s'ajouter la stibine, par conséquent l'antimoine.

En Europe, les mines fameuses de Schemnitz (Hongrie) et celles de la Transylvanie représentent des

---

1. *Panabase.* Forme de cuivre gris : sulfo-antimoniure de cuivre.
2. *Cinabre.* Sulfure de mercure.
3. *Cobaltine.* Arsénio-sulfure. — *Smaltine.* Arséniure de cobalt.

exemples également caractéristiques de cette forme
de gisements. A Schemnitz, la stibine, la panabase,
le cinabre et le spath fluor apparaissent accessoirement avec les pyrites aurifères accompagnées de chalcopyrites, blendes et galènes qui forment le minerai
dominant.

En Transylvanie, on a : tantôt les sulfures complexes, pyrite, blende, galène, mispickel, chalcopyrite, cuivre gris, etc., avec de l'or; tantôt, en
outre, des tellurures.

Enfin (5°), les tellurures d'or, avec association fréquente d'argent ou de mercure, qui semblaient jadis
une forme minéralogique exceptionnelle, jouent
aujourd'hui un rôle capital dans quelques-uns des
plus grands gisements du monde, tels que Cripple
Creek au Colorado, Kalgoorlie en Australie occidentale; je viens déjà de citer à ce propos Custer County,
au Colorado, et la Transylvanie. Ces tellurures présentent parfois, à Cripple Creek (Colorado), au mont
Judith (Montana), une association très caractéristique de fluorine.

Le tellure associé à l'or n'est pas nécessairement
un élément des zones superficielles et, par conséquent, des gisements récents. On voit le tellurure
intervenir aussi dans certains gîtes anciens, cristal-
lisés en profondeur sous forme d'imprégnation (1°, c)
dans des terrains métamorphiques, alors avec les
minerais ordinaires de ce groupe, chalcopyrite, mispickel, bismuth : par exemple, dans les gîtes des
Appalaches regardés comme d'âge carbonifère (Kings
Mountain, N. C., et Dahlonega en Géorgie, White

Hall en Virginie, etc.). Certains filons anciens du Telemark renferment également, avec la chalcopyrite aurifère et la tourmaline, un peu de bismuth telluré. De même, à Bömmelö, l'or est avec du tellurure de bismuth.

J'ai déjà fait remarquer que, dans ce groupe, on voyait apparaître le mercure, ainsi que l'on pouvait s'y attendre dans des cristallisations regardées par nous comme superficielles. A Kalgoorlie, on a surtout des sesquitellurures d'or, argent et mercure, appelés par M. Carnot coolgardite et kalgoorlite[1]. L'association du mercure avec l'or se retrouve également en Californie, à Bendigo (Australie), et dans la République de l'Équateur.

Enfin, il y a lieu de signaler parfois la haute teneur en sélénium de certains filons aurifères : notamment ceux de Redjang Lebong, dans le sud de Sumatra, en relation avec des andésites. Les séléniures de bismuth de Falun font reconnaître les minerais d'or. On a, d'ailleurs, assez fréquemment du sélénium avec du mercure, sans que l'or intervienne (Clausthal, Utah).

En résumé, on est conduit à faire intervenir, dans la métallogénie de l'or, à peu près tous les métalloïdes auxquels nous attribuons un rôle de minéralisateurs.

C'est, d'abord, le groupe du chlore et du fluor. L'intervention du fluor est souvent bien caractérisée par l'abondance de la fluorine, notamment dans les filons du groupe telluré (Cripple Creek, Kalgoorlie).

---

1. *Ann. des Mines*, mai 1901, p. 530.

Celle du chlore n'est jamais aussi bien définie en métallogénie, parce que le chlore, en précipitant son métal pour se combiner aux alcalis ou à la chaux, a dû former des sels solubles. qui ont été aussitôt éliminés. Mais elle est rendue très vraisemblable par le rôle du chlorure dans la chimie de l'or, par la solubilité spéciale du métal sous cette forme et par l'instabilité de ce chlorure, qui a dû contribuer à donner l'or finement pulvérulent de tant de gîtes divers.

L'association de l'or avec le groupe du soufre est non moins nette. La pyrite de fer est le compagnon constant de l'or, et j'ai, d'autre part, insisté sur les associations également fréquentes de l'or avec le tellure ou avec le sélénium, chimiquement comparables au soufre.

Nous avons vu, de même, combien fréquemment l'or se trouve associé avec l'arsenic ou l'antimoine (mispickels et stibines).

Enfin, il ne serait pas impossible, quoique nous n'en ayons aucune preuve directe, que le carbone lui-même fût intervenu sous la forme de cyanures, et, tout au moins, nous voyons se manifester le bore, élément à certains égards homologue du carbone, par l'abondance très grande des tourmalines, minéraux boratés, que j'ai mentionnée plus haut.

Si nous revenons, pour bien préciser les phénomènes, sur les plus caractéristiques des gisements qui viennent d'être signalés, nous allons d'abord insister sur ce que nous avons dit des relations entre l'or et soit les roches granitiques profondes dans les gisements anciens (A), soit les éruptions volcaniques

dans les gîtes plus superficiels et plus récents (B).
Passant alors aux associations minéralogiques, nous
arriverons enfin aux formes essentielles de gisements
primitifs qui jouent dans la pratique un rôle tout à
fait prédominant : les pyrites de fer aurifères (C), plus
spécialement les conglomérats pyriteux du Transvaal (D) et les tellurures d'or (E), pour en montrer
l'allure ordinaire et la distribution.

A. Relation de l'or avec les roches granitiques.
— Les gisements d'inclusion[1], où l'on peut être certain que l'or n'a pas été introduit ultérieurement
dans la roche par une réaction secondaire, sont assez
rares.

On a cité comme aurifères divers granites dans la
Sonora mexicaine, dans la Cordillère côtière du Chili,
dans les environs d'Ekaterinbourg (Oural). Mais on
voit surtout, comme cela se produit pour l'étain, l'or
s'isoler de telles roches dans les pegmatites ou
aplites, qui en dérivent, et, encore plus, dans des
veines quartzeuses de ces pegmatites.

Les gisements d'Um-Rus en Égypte et ceux de
Mazoé en Rhodésia[2] semblent se rattacher à ce type,
dont les exemples les plus souvent cités sont ceux du
Telemark en Suède et de Berczowsk dans l'Oural.
Dans le Telemark, à Näsmark, les veines de quartz
aurifère découpent en échelons un filon de granite, à

---

1. Ces gisements sont, je le rappelle, ceux où l'or a cristallisé
avec une roche éruptive, dans laquelle on le trouve au même
titre que les autres minéraux constituants de cette roche.
2. L. DE LAUNAY, *Richesses minérales de l'Afrique*, p. 105 et 120.

l'intérieur duquel elles sont limitées. A Berezowsk, il y a, dans certains filons de microgranite, qui recoupent eux-mêmes des schistes talqueux, de nombreuses veines très minces de quartz aurifère tenant des sulfures divers de cuivre, plomb, bismuth, avec de l'or, du chrome et de la tourmaline, et le massif granitique dont dérivent ces microgranites paraît lui-même aurifère.

En Transbaïkalie, dans le groupe de l'Onon, l'or paraît provenir d'aplites aurifères traversant le granite, et sur lesquelles se trouvent aussi des gîtes d'étain [1].

Les filons de Tcheliabinsk forment de nombreuses veines quartzeuses dans le granite disloqué.

Les filons célèbres de Californie paraissent, eux aussi, en relation assez directe, quoique peut-être non immédiate, avec un granite récent, dont ils ont souvent suivi le contact dans les schistes.

Ceux de la colonie de Victoria (Gympie, Swifts-creek) ont été rattachés à des diorites [2], etc. De même, d'après M. Levat, les diorites à labrador [3] de la Guyane, avec lesquelles certains placers sembleraient en relation, renferment souvent, dans leur masse, jusqu'à 5 p. 100 de pyrite de fer aurifère.

M. Bernard a considéré l'or très abondant de l'ancien Contesté franco-brésilien comme provenant de granu-

1. GLASSER, Les richesses minérales de la Sibérie (*Ann. des Mines*, juillet 1900; voir la carte, p. 32).

2. *Diorite*. Roche à structure granitique, mais à composition basique formée de feldspath et d'amphibole.

3. *Labrador*. Feldspath plagioclase.

lites pyriteuses avec quartz connexe, qui traversent des schistes métamorphiques et amphibolites.

Dans un cas un peu différent et peut-être plus discutable, on a signalé encore la relation de l'or avec un autre groupe de roches un peu moins profondes.

En Espagne, dans la Sierra de Peñaflor, on peut conclure des observations de M. Noguès qu'il y a eu, à l'époque tertiaire, le long de roches dioritiques, des formations de contact analogues à celles du Banat, de Traverselle, etc., avec développement dans des calcaires de gangues silicatées et isolement de sulfoarséniures de fer, cuivre et nickel accompagnés de magnétite : le tout ayant, par l'altération en terres rouges des diorites et amphibolites, donné des minerais d'or, qui contiennent quelques tellurures.

Enfin, il semble y avoir lieu de citer, à ce propos, la présence de l'or dans le ciment métamorphisant de certains gneiss, comme ceux de Madagascar, ciment auquel on peut attribuer une origine granulitique. L'introduction de l'or dans les terrains métamorphiques où nous l'observons paraît avoir été souvent connexe de ce métamorphisme même. C'est ainsi que l'or a dû pénétrer dans le ciment des gneiss, ou, ailleurs, se déposer en enduits sur des talc-schistes, en lentilles pyriteuses à peu près interstratifiées dans des schistes amphiboliques ou micacés, etc. L'hypothèse correspond bien avec ce que l'on croit observer pour tant de régions métamorphiques (quel que soit d'ailleurs leur âge réel), où, comme en Scandinavie, au Canada, dans les Alpes, en Sibérie, etc., on trouve des imprégnations de pyrite aurifère disséminées.

Peut-être les gisements si mystérieux du Witwatersrand transvaalien, dont nous aurons à reparler souvent en raison de leur richesse extraordinaire, sont-ils eux-mêmes un cas analogue d'imprégnation aurifère dans des bancs de conglomérat.

D'autre part, une relation analogue à celle que nous venons de signaler ici entre l'or et les magmas granitiques de profondeur, semble ailleurs, comme nous l'avons déjà vu d'une façon générale, s'accuser entre le même métal et des formations rocheuses plus superficielles.

B. Relation de l'or avec les roches volcaniques. — Quand on examine certaines régions de filons auro-argentifères de l'Ouest américain, comme le Comstock en Névada, Custer County au Colorado, etc., ou la plupart des filons mexicains, on voit un rapport presque évident entre ces filons et les éruptions volcaniques, manifestées tout autour par des émissions ou des coulées de laves. Parfois, ce rapport affecte même des formes bien curieuses. Ainsi à Bassick (Custer County), M. Emmons a décrit une sorte de colonne métallisée elliptique de 8 à 20 mètres de diamètre sur plus de 400 mètres de profondeur, qui traverse des brèches andésitiques[1] sans démarcation nette avec elles et dans laquelle des sulfures de plomb, zinc, antimoine et cuivre, cimentant les blocs, sont aurifères et argentifères. Ce phénomène curieux n'est pas sans analogie avec celui que l'on a rencontré

---

1. *Andésite.* Type de roches volcaniques, caractérisées par du feldspath plagioclase microscopique.

à Cripple Creek, au Colorado, dans une région où les
phénomènes volcaniques offrent un caractère encore
plus superficiel [1]. Il y a là, à la mine Portland, dans
le basalte, une cheminée de 4 à 5 mètres de diamètre
sur plus de 300 mètres de profondeur, où des tellurures
aurifères incrustent des débris basaltiques [2].

En dehors de ce gisement spécial, il existe à Cripple
Creek, qui est le centre le plus net de ces gisements
d'or à relations volcaniques, de très nombreuses
fissurations, souvent sans épontes bien définies et à
digitations complexes, avec tellurures auro-argentifères, tels que la sylvanite, accessoirement de la
pyrite (moins fréquente ici que dans la plupart des
autres districts aurifères), un peu de galène, de blende
et de stibine et une gangue de fluorine. L'or et l'argent semblent, à peu près en quantités égales.
Les minerais sont disposés par colonnes dans les
veines, dont les plus productives sont sur le pourtour
du volcan, vers la limite de ses éruptions et du granite primaire.

Par un phénomène aisément explicable dans notre
hypothèse, ces gisements, que nous considérons
comme presque superficiels et d'origine volcanique,
présentent, pour la plupart, leurs minerais dans de
minces fissures analogues à celles qui caractérisent
les gisements mercuriels et très différentes, au con-

---

1. Les roches éruptives appelées des *phonolithes*, très rares
aux États-Unis, apparaissent au voisinage de ce gîte de Cripple
Creek et dans les Black Hills au Dakota.
2. ÉTIENNE-A. RITTER, Le district aurifère de Cripple Creek
(*Ann. des Mines*, avril 1905).

traire, des cristallisations par grandes masses, que
l'on trouve dans les filons plombeux plus profonds.
Ces grandes fractures, dans leurs parties superficielles, ne se seraient sans doute pas prêtées à la cristallisation de tels éléments très solubles ou maintenus
en dissolution par des agents très énergiques.

En Transylvanie et dans la plupart des autres gisements à minerais d'or tellurés, sur lesquels nous
allons avoir à revenir, la relation avec les roches
éruptives tertiaires est également manifeste. Il semble,
cependant, qu'il y ait lieu de faire une exception pour
un gisement de tellurures maintenant classique, celui
de Kalgoorlie, en Australie, où les gisements sont,
sous leur forme profonde, des filons quartzeux de
pyrite et tellurures d'or, interstratifiés par zones
dans les amphibolites.

C. Gisements d'or pyriteux. — Les gisements
d'or pyriteux, où l'or est associé avec le sulfure de fer
(parfois arsenical ou cuivreux), constituent la grande
majorité des gisements aurifères primitifs et, jusqu'à
la découverte récente de très importants minerais, où
l'or est associé au tellurure, ils fournissaient à peu
près la totalité de la production aurifère mondiale :
soit sous leur forme directe de pyrites aurifères à or
invisible; soit sous leur forme altérée et superficielle
à or natif, qui a joué surtout un très grand rôle autrefois et dont nous allons avoir à reparler en traitant
des gisements secondaires; soit enfin par les alluvions
qui leur avaient emprunté leurs éléments. Les autres
associations de l'or, mentionnées plus haut, offrent

un intérêt surtout théorique et ne produisent de l'or, jusqu'ici, qu'assez exceptionnellement. Il faut toutefois, avant de passer à la description des pyrites utilisées comme minerais d'or, remarquer encore qu'avec un métal aussi rare, aussi précieux et, par conséquent, exploitable en aussi faibles traces, ou dans des combinaisons aussi coûteuses à élaborer, on ne doit jamais négliger des types minéralogiques exceptionnels, dont l'importance peut s'accroître beaucoup dans l'avenir. C'est ce qui est arrivé pour les tellurures, simple curiosité de collection jadis, dont on tire aujourd'hui plus de 150 millions de francs d'or par an. Cette remarque est d'autant plus à retenir que, dans ses gisements primitifs, l'or est d'ordinaire invisible, en sorte qu'on ne le trouve guère que là où on le cherche de parti pris, là où on applique l'effort d'une analyse chimique suffisamment minutieuse à le trouver.

Les pyrites de fer constituent la grande source de l'or dans la plupart des gisements exploités avec quelque continuité et par un travail de mine un peu profond. Tandis que les autres minerais, et notamment les tellurures, ont souvent un caractère précaire et se localisent dans d'étroites fissures, vite coincées en s'enfonçant, la pyrite de fer se poursuit à toutes les profondeurs que peuvent atteindre nos travaux de mines et forme, par conséquent, la grande réserve d'or, sur laquelle doit compter l'avenir. C'est, par exemple, de pyrites que l'on extrait tout l'or du Transvaal, à peu près tout l'or d'Australie, de Californie, de l'Alaska, du Montana, du Mexique, etc. ;

en un mot des grands centres aurifères à notre époque, à l'exception de deux, où l'or est en tellurures : Cripple-Creek au Colorado et Kalgoorlie en Australie Occidentale. C'est sous forme de pyrites aurifères également que sont disséminées, dans la masse de nos roches, les traces d'or, insignifiantes en elles-mêmes, dont la multiplication par le cube de toute une chaîne montagneuse finit par donner, pour la teneur en or de l'écorce terrestre et des mers, les gros chiffres que nous trouverons bientôt [1].

Toutes les pyrites sont loin de renfermer de l'or, et elles en contiennent en quantités très inégales, sans dépasser une limite assez basse, sur laquelle nous allons revenir. L'or n'est pas, d'ailleurs, le seul métal contenu dans ces pyrites, qui doivent représenter le produit cristallisé de quelque grand bain sulfuré, maintenu un moment en dissolution à la faveur des sulfures alcalins et où, suivant les cas, l'or, l'argent, le platine, le cuivre, le nickel, l'étain même, ou parfois le cobalt, ont pu se déposer avec le fer prédominant. Ces pyrites sont un élément tout à fait banal et fréquent de la constitution des roches et des terrains. Leur remise en mouvement facile par voie de dissolution en sulfate de fer, puis de dépôt et de recristallisation en présence d'une substance réductrice (organique ou autre), a contribué à les disséminer dans la plupart des terrains, comme elles étaient déjà dispersées dans la plupart des roches. Il en existe, d'autre part, de très grandes masses, des paquets dont le cube

<hr>

1. P. 76 et suiv.

peut atteindre 200 millions de tonnes sur le seul point de Rio-Tinto (Sud de l'Espagne) ; et, comme certaines de ces pyrites sont, en raison de la présence de quelque autre métal, dont il vient d'être question, le cuivre, le nickel, etc., exploitées et traitées indépendamment de l'or ou de l'argent contenu, il en résulte indirectement, pour ces métaux précieux, une production venant par surcroît, qui n'est pas négligeable.

Pour qu'une pyrite soit, à proprement parler, considérée comme un minerai d'or, il faut naturellement que la valeur de l'or contenu dépasse les frais, variables suivant les points, de l'extraction et du traitement. Suivant une considération sur laquelle j'ai déjà eu l'occasion d'insister et dont je vais redire quelques mots, cette question du prix de revient caractérise seule, à une époque déterminée, les pyrites que l'on doit considérer comme minerais d'or, et un abaissement de ce prix de revient peut faire entrer en ligne de compte de grandes masses de pyrites jusquelà négligées.

Si nous prenons, par exemple, telle pyrite du Sud de l'Espagne exploitée uniquement comme minerai de cuivre, nous voyons qu'elle peut contenir, pour 3 à 4 p. 100 de cuivre, 30 à 70 grammes d'argent et jusqu'à 2 grammes d'or à la tonne (Lagunazo). A Rio-Tinto, certaine analyse du minerai d'exportation a donné, par tonne de pyrite : 37 kilogr. de cuivre, 40 grammes d'argent et 0,892 grammes d'or, avec 3,7 kilogr. de bismuth, 2,4 kilogr. de zinc, 500 grammes de cobalt et 100 grammes de plomb. Ce sont là des teneurs que l'on a uniquement remarquées ici parce que le gisement s'était trouvé mis en exploitation pour une autre raison et qui n'ont, en elles-mêmes, qu'une valeur insignifiante. On remarquera toutefois que le chiffre précédent de 892 milligrammes d'or à la tonne donnerait, pour un amas de 200 millions de tonnes, si cet or y était partout représenté et si on pouvait l'extraire totalement : 178 000 kilogr. d'or, valant 613 millions.

Ce calcul, auquel il ne faut pas attacher d'autre importance pratique, a seulement pour but de mettre en évidence cette influence des grandes masses, à laquelle on ne pense pas assez quand il s'agit de compositions moyennes. L'extrême diffusion de la pyrite dans tous nos terrains et roches et la fréquence avec laquelle on trouve des traces d'or dans ces pyrites sont de nature à expliquer les chiffres, en apparence un peu paradoxaux, auxquels nous arriverons bientôt pour la quantité d'or totale contenue dans les parties supérieures de l'écorce terrestre.

Les pyrites envisagées comme de véritables minerais d'or et exploitées comme telles se présentent naturellement d'ordinaire dans des conditions plus favorables et avec des teneurs beaucoup plus élevées. Cette teneur dépend des facilités plus ou moins grandes que le minerai peut offrir au traitement et qui permettent de pousser plus ou moins loin le triage : de traiter par suite des minerais à la fois plus pauvres et plus abondants. Il en résulte que, dans certains cas particulièrement favorables, on est arrivé à traiter spécialement pour or des pyrites où la teneur était peu supérieure au chiffre précédemment cité pour Lagunazo.

Les mines, où cette teneur limite est descendue ainsi le plus bas, sont celles du Treadwell dans l'Alaska, où l'on est parvenu à exploiter des minerais tenant en moyenne 10 fr. 40 d'or à la tonne, soit à peu près 3 grammes, et Homestake, en Dakota, dont les exploitations géantes, sur lesquelles nous reviendrons, traitent des minerais à 18 fr. 72, avec des frais de 12 fr. 48 permettant par conséquent d'utiliser des minerais à 4 grammes d'or par tonne. Ce sont là des cas très exceptionnels. Dans une telle mine importante et largement ouverte à minerai non réfractaire, 4 grammes d'or à la tonne peuvent suffire ; mais, beaucoup plus souvent, il en faut 7 ou 8. Enfin, au Transvaal, on traite couramment des pyrites renfermant de 7 à 10 grammes.

Il semblera peut-être à ceux qui n'auront pas bien fixé leur attention sur nos remarques préliminaires au sujet de la différence entre minerai et stérile [1], que je définis là d'une façon très imparfaite la teneur en or des pyrites aurifères, et l'on voudrait sans doute que je fixe cette teneur par un chiffre indépendant des conditions industrielles, comme on peut le faire, par exemple, pour la teneur en cuivre d'une chalcopyrite qui, lorsqu'elle est pure, est de 1/3, ou pour une galène qui, dans les mêmes conditions, renferme 86,6 p. 100 de plomb. Mais la pyrite aurifère n'est pas, je le répète, un composé chimique et minéralogique défini, à composition invariable, comme les sulfures de cuivre et de plomb ; elle est

1. Voir page 3.

un mélange, dans lequel la teneur en or part de zéro pour arriver localement, mais uniquement dans les formes d'altération, à des cristaux d'or natif, soit à 100 p. 100. Cependant, et c'est là une remarque d'un certain intérêt pour la genèse de l'or, quand l'altération superficielle n'est pas intervenue pour concentrer l'or postérieurement à son premier dépôt, l'or dans la pyrite ne dépasse guère des teneurs toujours assez faibles de 100 ou 150 grammes à la tonne de pyrite préparée. Il y a là, malgré tout, une sorte de proportion définie, analogue à celle qui, pour l'argent (presque toujours associé avec le sulfure de plomb, comme l'or avec le sulfure de fer), impose d'ordinaire une limite de 2 kilogrammes à la tonne et maintient beaucoup plus ordinairement au-dessous de 1 kilogramme. On connaît de même un certain nombre d'autres proportions à peu près définies entre les métaux ordinairement associés, dont on découvrira sans doute un jour l'explication théorique (qu'on avait cru un moment trouver dans l'évolution de la matière[1]). Ainsi on peut avoir, dans les mines de pyrrhotine du Canada, 1 de platine pour 50 000 de nickel et 1 d'or pour 250 000 du même métal. Dans d'autres gîtes également sulfurés, on aura 1 d'or pour 25 à 50 ou même 100 d'argent; 1 d'argent pour 1 000 à 5 000 de cuivre ou de plomb[1].

Mais il ne s'agit là que de moyennes et il ne faudrait nullement s'imaginer que la composition d'une pyrite aurifère soit constante; au contraire, elle peut

1. Voir page 33, note 2.
1. *La Science géologique*, p. 663.

être extrêmement variable et l'on peut y voir se développer, suivant les cas, d'une manière absolument accidentelle, qui paraît échapper à toute loi théorique, tantôt l'un, tantôt l'autre des métaux accessoires énumérés tout à l'heure. Ces métaux accessoires peuvent parfois constituer un supplément de bénéfice, mais ils peuvent aussi entraîner une gêne et les industriels distinguent avec le plus grand soin les pyrites d'or suivant qu'elles contiennent l'or directement amalgamable, ou l'or aisé à traiter à la cyanuration, ou l'or, au contraire, engagé dans des combinaisons complexes qui paralysent aussi bien le traitement au mercure que le traitement au cyanure de potassium et qui exigent alors des métallurgies beaucoup plus compliquées, plus coûteuses, et parfois même impuissantes à extraire tout le métal précieux reconnu par l'analyse chimique.

Les formes des gisements où l'on exploite les sulfures de fer ou de cuivre, parfois arsenicaux, qui contiennent l'or, sont très diverses. La pyrite aurifère peut présenter tous les modes de dépôt distingués par la théorie, depuis la simple inclusion, ou mouche de minerai dans la masse même d'une roche, en passant par les amas de ségrégation au contact de ces mêmes roches, ou encore par les amas injectés, imprégnations interstratifiées, les zones pyritisées, etc., qui semblent correspondre à des cristallisations profondes, jusqu'aux filons proprement dits, qui ont pu s'élever plus près de la surface. Le type des amas injectés et des imprégnations est surtout diversifié au plus haut point; la dissolution de sulfure aurifère a dû pénétrer sous pression dans des terrains, d'ordinaire schisteux, dont elle a incrusté tous les vides, rempli tous les interstices, soudé tous les bâillements.

On peut concevoir, en outre, la possibilité d'un dépôt sédimentaire pyriteux dans certains bassins de concentration, sur certains rivages, où de grandes masses sulfurées avaient pu commencer par être apportées après la destruction d'autres gisements préexistants. C'est peut-être une origine de ce genre que l'on doit attribuer aux minerais de conglomérat pyriteux exploités au Transvaal, s'il ne faut pas y voir, comme nous allons le dire, le produit d'une incrustation postérieure à origine filonienne, d'une nappe hydrothermale ayant, en profondeur, pénétré dans les interstices d'un conglomérat, comme dans la cassure d'un filon.

D. **Conglomérats pyriteux aurifères.** — Le type des conglomérats aurifères représente une forme de gisements très spéciale, dont l'importance est devenue énorme, puisque, avec des minerais semblables, le Witwatersrand, à lui seul, produit plus de 600 millions de francs par an et dont, néanmoins, en dépit d'une exploitation intensive, l'origine réelle n'est pas bien connue.

Ces minerais se présentent, en quelques pays (surtout dans le Witwatersrand, accessoirement dans l'Ouest africain, etc.), sous la forme de couches interstratifiées au milieu de terrains pauvres en or ou stériles, d'âge mal déterminé, mais certainement primaire. Leur allure pratique est celle de dépôts sédimentaires obéissant à toutes les inflexions des terrains encaissants et sans rapport immédiat apparent avec aucune roche éruptive ni avec aucun filon proprement dit. Dans ces couches, dont, au Witwatersrand, un nombre variable entre 1 et 5 peut être exploité fructueusement sur un même point, on trouve des conglomérats, ou « bankets », c'est-à-dire des roches formées de galets quartzeux roulés et ressoudés par un ciment siliceux, dans lequel est incorporée la pyrite aurifère. Les galets, par eux-mêmes, sont stériles ; le sulfure aurifère est uniquement concentré dans le ciment et le métamorphisme de l'ensemble a été tel que le tout est entièrement soudé ensemble et recristallisé. La grosseur des galets paraît avoir une certaine relation, dans une couche déterminée, avec la teneur en or. L'épaisseur des bancs ou « reefs » de conglomérats aurifères, va de 7 à 8 mètres pour le *Main reef*, toujours relativement pauvre (5 à 15 grammes d'or à la tonne), jusqu'à 0,20 dans des veines minces, dites *Main reef leader* ou *South reef*, qui sont surtout exploitées.

De semblables couches aurifères sont connues dans une région d'environ 200 kilomètres de long sur 50 kilomètres de large, autour de la ville de Johannesbourg ; mais la presque totalité de leur extraction actuelle, dans les conditions difficiles avec lesquelles s'est débattue cette grande industrie depuis la guerre anglo-boër, est concentrée dans un très petit coin du pays, sur 15 kilomètres de long et 2 ou 3 de large ; le reste constitue une réserve pour l'avenir.

Ces minerais sont généralement assez pauvres. On les exploite aujourd'hui jusqu'à une teneur de 7 grammes (22 francs) d'or à la tonne, qui équilibre le prix d'extraction moyen ; la teneur courante varie, en pratique, de 15 à 30 grammes ; des teneurs supérieures à 100 francs ou 30 grammes (environ une once anglaise) n'ont été rencontrées que localement. La pyrite, qui contient l'or, est remarquablement pure en d'autres métaux, bien qu'on puisse y trouver des traces de plomb, cuivre, etc.

Pour expliquer ces minerais, on a fait deux théories principales. La plus généralement adoptée consiste à les envisager comme des filons d'une allure très spéciale, le produit d'une imprégnation aurifère, qui, sous forme de dissolution hydrothermale, se serait épanchée en profondeur et sous pression, dans des terrains de grès et de galets précédemment déposés. Cette dissolution aurait alors pris cette allure de filon-couche, souvent caractéristique des nappes aquifères, notamment des nappes hydrothermales, que l'on va parfois chercher, par des sondages, dans des conditions semblables ; elle aurait suivi les couches les plus favorables à son infiltration, où la grosseur et la disposition des galets auraient le mieux facilité celle-ci, et le tout, maintenu d'abord en dissolution à la faveur de sels alcalins sous pression, aurait, à un moment donné, cristallisé.

Il est certain que l'on connaît aujourd'hui, dans d'autres pays, des cas de plus en plus nombreux où des strates métallisées par des métaux divers, autrefois considérées comme très nettement sédimentaires, ont reçu avec beaucoup de vraisemblance une telle interprétation filonienne. Néanmoins on peut encore ici faire une autre hypothèse que j'ai déjà mentionnée : celle où de grandes masses de pyrites aurifères auraient été mises en mouvement, dans le bassin où se sont déposés les conglomérats, par la destruction de toute une chaîne montagneuse avec filons aurifères, que nous savons avoir existé ici pendant les temps primaires. Alors cette pyrite, avec l'or inclus, se serait chimiquement ou mécaniquement concentrée dans les parties peu profondes, littorales, des eaux où s'accumulaient les conglomérats, et il aurait fini par se réaliser une saturation amenant la précipitation de la pyrite aurifère, ultérieurement recristallisée par métamorphisme.

Les conglomérats de la région de Takwa, dans l'Ouest-Africain, présentent, avec une teneur beaucoup plus faible, et, d'ordinaire, presque inexploitable, certains caractères analogues [1].

E. Tellurures d'or. — La forme des minerais d'or associés au tellure n'était, il y a quelques années encore, qu'une rareté minéralogique. Ces minerais occupent, au contraire, la première place dans deux des principaux gisements actuels : Cripple Creek au Colorado et Kalgoorlie en Australie Occidentale, dont on peut rapprocher les gisements plus ancien-

---

1. Je renvoie, pour la description plus détaillée de ces gisements, à mes deux ouvrages sur les *Mines d'or du Transvaal* et sur les *Richesses minérales de l'Afrique* (Paris, Béranger, 1896 et 1903).

nement connus, mais moins importants de la Transylvanie.

A Cripple Creek, une région volcanique récente, où l'on reconnaît la place d'un volcan encore presque intact, a été traversée par de nombreux filons rocheux et par tout un réseau de veines aurifères connexes de ces roches : veines souvent presque fermées, très précaires et très minces, mais suivies, dans la roche encaissante, par une zone d'imprégnation qui constitue elle aussi un minerai. Les tellurures d'or sont associés avec des sulfures de plomb, zinc, cuivre et antimoine dans une gangue de quartz et de fluorure de calcium. L'enrichissement se fait suivant des colonnes, des amas, que les Américains appellent des « shoots », dont la largeur varie de quelques centimètres jusqu'à des mètres de puissance, avec une longueur pouvant atteindre 150 mètres. La découverte de l'or y date de 1890 et, dans la seule année 1897, on a produit 69 millions : 83 en 1904.

A Kalgoorlie, dans l'Australie Occidentale, des terrains sédimentaires, composés de schistes, quartzites, etc., avec diorites et amphibolites schisteuses, ont été recoupés par de nombreuses zones de dislocation, que traversent ou suivent des filons, ou « reefs » contenant des tellurures d'or avec des sulfures divers de plomb, cuivre, etc., et, dans les parties hautes, de l'or libre. La teneur ordinaire va de 30 à 120 grammes par tonne dans les parties utilisables, mais peut atteindre localement 400 grammes.

§ 3. — Gisements de concentration secondaire. — Minerais d'altération chimique. — Filons à or natif. — Terres rouges et latérites.

Les formes de gisements aurifères qu'il nous reste à étudier ont joué, jusqu'ici, un rôle tout à fait prépondérant en industrie, et c'est très récemment qu'on a commencé à attaquer les gisements originels plus pauvres précédemment décrits, dont l'exploitation constituera la principale ressource de l'avenir. L'or, qui est partout un des métaux les plus anciennement recherchés dans le monde entier, sinon le plus anciennement connu, est un de ceux dont les formes profondes ont le plus longtemps échappé aux recherches. Il ne faut pas, en effet, perdre de vue les teneurs extraordinairement faibles, quelques grammes à la tonne, que présentent la majorité de ces gîtes aurifères. Si une concentration superficielle ne les avait pas enrichis localement et n'y avait pas mis l'or sous sa forme de métal natif qui attire aussitôt l'attention, ces roches, où seules l'analyse chimique très soignée, l'étude microscopique très minutieuse pouvaient signaler l'or, n'auraient eu aucune raison d'être remarquées. Il a fallu que les recherches aient été provoquées et localisées par la rencontre antérieure des « placers » ou des « chapeaux » de filons, pour que l'idée soit venue d'aller chercher l'or dans la plupart des gisements où nous l'exploitons aujourd'hui.

Le phénomène des concentrations aurifères secondaires, dont nous avons à parler maintenant, semble, en principe, partout où il a produit des gisements de quelque valeur, s'être opéré en plusieurs temps successifs, par l'intervention de réactions chimiques combinées avec des préparations mécaniques, et c'est pourquoi des gisements secondaires d'une grande richesse peuvent provenir de gîtes primitifs très pauvres et industriellement inexploitables.

Dans ce paragraphe, il ne sera question que des altérations chimiques, les remaniements mécaniques devant former l'objet du paragraphe suivant.

En principe, ces altérations chimiques, liées au voisinage de la surface, ou plutôt à la zone de facile circulation des eaux, qui se limite en profondeur à peu près à ce qu'on appelle le *niveau hydrostatique*, ont, pour tous les gisements métallifères, une très grande importance pratique. Dans une foule de cas, il existe, au-dessus de ce niveau hydrostatique, et encore un peu au-dessous, une zone d'enrichissement, qui peut commencer à partir du jour. S'il s'agit de pays accidentés, où le niveau hydrostatique se trouve parfois à plusieurs centaines de mètres au-dessous de l'affleurement filonien, cette zone enrichie, ou tout au moins transformée, arrive à occuper toute la portion du filon pratiquement utilisable et prend donc une importance industrielle tout à fait capitale. Dans la majeure partie des mines, lorsqu'on passe au-dessous, on voit se produire, dans la minéralisation, un brusque changement, dont les conséquences industrielles, si elles n'ont pas été prévues, peuvent être graves. En ce qui concerne plus spécialement l'**or**, voici, brièvement résumé, ce qui se passe.

Reprenons d'abord l'histoire d'un filon aurifère au moment où, après son dépôt originel, sa partie haute s'est trouvée pour la première fois amenée, par le progrès de l'érosion, au contact de ces circulations d'eau superficielles. Le propre de telles eaux, constamment réalimentées, par leur circulation même, en oxygène, en acide carbonique et en divers autres principes minéraux habituels aux eaux de surface, tels que traces de chlorures, nitrates, etc., est d'exercer, sur les minerais sulfurés, une action oxydante et dissolvante. Appliquée à de la pyrite aurifère, cette réaction aura produit du sulfate de fer, et des sels d'or solubles. Le sulfate de fer se sera, dans les parties tout à fait hautes du gîte, immédiatement reprécipité sous une forme oxydée et aura constitué ce qu'on appelle le « chapeau » ferrugineux des filons. L'or dissous aura pu être partiellement entraîné au dehors et perdu (allant ainsi enrichir les placers, dont il sera question plus loin); mais une grande partie a dû descendre avec les eaux, le long du filon, et se reprécipiter sur ses parties plus profondes en les enrichissant sous la forme d'or libre, d'or natif, déposé dans toutes leurs fissures [1].

Imaginons maintenant une telle réaction se continuant, pendant des périodes géologiques entières, sur des parties de plus en plus profondes du filon, successivement rapprochées du jour par les progrès

1. La dissolution de l'or est, contrairement à l'idée que l'on se fait généralement, un phénomène assez facile et l'on connait des exemples (Taupo en Nouvelle-Zélande, Steamboat-springs en Californie) de sources chaudes déposant, au voisinage de la surface, de l'or avec de la silice.

de l'érosion [1] ; on conçoit comment, à côté d'une portion de l'or entraînée au dehors mécaniquement ou chimiquement et destinée à former les alluvions, des quantités croissantes d'or se seront accumulées dans la zone altérée subsistante, notamment dans sa partie la plus basse, voisine de la surface hydrostatique, où se produit surtout la reprécipitation. La conclusion est donc qu'un gîte altéré présente, quand sa coupe est complète, de haut en bas : 1° un chapeau de sesquioxyde de fer hydraté souvent riche en or natif; c'est la zone dite de peroxydation. Après quoi vient : 2° la zone dite de cémentation, ou des « bonanzas », c'est-à-dire des richesses exceptionnelles, dans la langue des mineurs américains. Là on a, avec un résidu de sulfures inattaqués, des minerais à or natif, qui peuvent être localement très riches suivant des cheminées, ou « shoots », le long desquelles s'est faite surtout la circulation des eaux, mais qui sont toujours fort irréguliers et destinés à disparaître en profondeur. Enfin, 3°, quand on pénètre suffisamment, on trouve presque toujours le type pyriteux, originel, où l'or est à l'état de mélange ou de combinaison plus ou moins complexe avec des sulfures métalliques divers et qui garde alors, jusqu'aux limites du gisement, le même aspect.

Ce sont les minerais enrichis des deux premières zones, mais surtout de la zone de cémentation, qui

1. Les failles jouent un très grand rôle dans ces introductions d'eaux superficielles. J'ai, à l'occasion d'un travail récent sur la *Métallogénie italienne* (Congrès géologique de Mexico), analysé quelques cas de ce genre. Il faut également penser aux sources ascendantes ou thermales.

fournissent ces beaux fragments de quartz blancs laiteux, où l'or semble suinter, pousser comme une végétation par toutes les fissures, et que les Anglais comparent volontiers à un étalage de bijoutier, « jeweler's shop ». On peut rencontrer là les teneurs les plus extraordinaires, jusqu'à des blocs d'or natif ; mais ce n'est pas une forme de gisement avec laquelle on puisse compter sur l'avenir ; et, comme c'est une catégorie de minerais superficielle, sans continuation profonde, d'ailleurs facile à reconnaître, les gisements de ce genre diminuent chaque jour d'importance et sont destinés, dans un avenir assez restreint, à disparaître complètement. En dépit de la fascination qu'ils exercent, ce n'est pas eux, ce sont les minerais pauvres et réguliers des zones plus profondes qui donnent les gros rendements.

Dans une première approximation, la limite inférieure de ces « bonanzas » semblerait devoir se trouver au niveau hydrostatique : niveau qui peut, d'ailleurs, être complexe et qui comporte des réapparitions de parties oxydées au-dessous de parties intactes [1] ; mais, ainsi que les géologues américains, MM. Weed, Emmons, etc., l'ont montré par de nombreuses et intéressantes observations, la reprécipitation de l'or, la cémentation, et, par conséquent, la bonanza ont pu descendre beaucoup au-dessous de ce niveau hydrostatique, du moment que la circulation

---

1. Je ne parle pas ici des mouvements du sol, dont j'ai depuis longtemps signalé le rôle probable dans certaines altérations qui descendent très bas et dont M. Weed a donné des exemples à Butte City (*Genesis_of ore deposits*, 2ᵉ édit., p. 497).

de l'eau s'y continuait. Ces géologues ont également fait voir que d'autres sulfures métalliques, la galène par exemple, n'avaient pu suppléer la pyrite pour cette reprécipitation de l'or : en sorte que, dans les gîtes à galène sans pyrite, il n'y a pas de bonanza.

La plupart des mines ont connu cette phase d'enrichissement superficiel d'une façon plus ou moins caractérisée, suivant que l'altération de la pyrite a été plus ou moins complète. Au Witwatersrand, on a commencé ainsi par trouver, sur 15 à 20 mètres de profondeur, des conglomérats désagrégés, dont les galets, flottants dans leur alvéole, étaient souvent entourés d'un enduit aurifère. On a eu alors de hautes teneurs, qui ont très rapidement disparu ; et, si l'on n'avait pas découvert, juste au moment opportun, le procédé de la cyanuration, qui s'est merveilleusement appliqué aux minerais pyriteux de la profondeur, l'industrie du Transvaal aurait pu, à la disparition des minerais à or natif, subir une crise grave. Dans les fameux filons californiens, on a trouvé, jusqu'à 40 et 60 mètres de profondeur, dans le « chapeau de fer », des teneurs en or libre, qui atteignaient fréquemment 130 à 160 grammes. Au-dessous, la teneur a baissé et l'on a eu du quartz avec pyrites aurifères et sulfures de toute espèce ; la teneur en or des minerais est tombée à 15 ou 20 grammes, tandis que la teneur en or des sulfures préparés mécaniquement était de 120 à 150 grammes.

Enfin, en Australie, dans le filon également très célèbre du Mount Morgan (Victoria), on a eu, jusqu'à 90 mètres de profondeur, des minerais altérés et irréguliers avec peroxyde de fer silicifié ; la teneur s'est d'abord accrue depuis le jour jusqu'à la zone de cémentation, où elle a atteint 115 grammes ; puis on a rencontré des quartz à pyrite aurifère, dont la teneur est bientôt descendue à 40 grammes et au-dessous.

En dehors des cas précédents, cette altération et ce remaniement consécutifs, qui se sont appliqués à de très nombreux filons, me paraissent avoir présenté une importance pratique toute spéciale quand, au lieu de filons déjà distincts et offrant dans leur propre masse une zone naturellement disposée pour l'enrichissement, on avait de très nombreuses imprégnations disséminées dans les terrains métamorphiques, comme celles dont il a été question plus haut, c'est-à-dire quand l'érosion avait mis à nu des zones suffisamment profondes de l'écorce pour exposer à l'altération ces parties métamorphisées. Un tel phénomène de métamorphisme est très habituellement réalisé pour les parties anciennement plissées de l'écorce terrestre. Les gneiss anciens offrent même, de ce chef, une extension assez grande pour que l'on ait pu croire longtemps à l'ancienneté de tous les gneiss. La mise à nu de tels terrains, là où ils avaient été pyritisés par de la pyrite aurifère, a provoqué, dès lors, le déplacement mécanique et chimique de l'or contenu ; une partie de cet or a pu aller former directement des placers ; une autre, descendant, comme nous venons de le voir, à l'état de dissolution suivant le plan même des filons ou dans des joints voisins, a produit des veines aurifères déjà enrichies, dont la destruction ultérieure par les érosions a donc amené un enrichissement au second degré.

Le caractère nécessairement superficiel de semblables veines enrichies par altération donne même à supposer que, dans certaines régions fortement érodées plus tard, où l'on a trouvé des placers aurifères, les veines elles-mêmes avaient pu être complètement usées, usées jusqu'à la racine, en sorte que nous n'en observons plus trace, ou du moins que les gîtes de ce genre subsistants ne semblent pas proportionnés aux alluvions aurifères correspondantes.

Il est important de faire cette remarque; car ces veinules ou imprégnations pyriteuses de terrains métamorphiques, sans filons proprement dits, doivent jouer un rôle prépondérant dans un certain nombre de grands voussoirs anciens du globe, où l'abondance de l'or, concentré secondairement par altération sur place ou par alluvion, a fait concevoir l'espoir, probablement en grande partie illusoire, de rencontrer des gîtes primitifs eux-mêmes très développés.

Tel paraît être le cas sur presque toute la longueur du massif sibérien, dans le massif brésilien prolongé par les Guyanes, dans le massif de l'Afrique centrale, à Madagascar, dans le massif Scandinave, etc. : toutes régions où nous observons des plateaux très anciennement plissés, très longuement érodés ou altérés, avec des terrains de profondeur mis à nu.

Dans les plus septentrionaux de ces massifs anciens, la concentration de l'or ne s'est guère faite que par la voie alluvionnaire; labourées par les passages glaciaires, les roches ne présentent guère, en effet, d'altération bien profonde. Dans la zone équatoriale, c'est, au contraire, l'altération sur place qui domine, avec ses résidus argileux et ferrugineux (latérite, terre rouge, cascajo, terre à ravets), dans lesquels s'est produit sur place un enrichissement chimique de l'or, parfois suivi ultérieurement d'un remaniement mécanique.

La « roche à ravets » de la Guyane contient assez souvent, outre l'or fin presque microscopique qui est l'élément principal, de grosses pépites et parfois des pépites recouvertes d'un enduit ferrugineux ou noirâtre, qui les ferait prendre pour des blocs d'oxyde de fer.

Dans l'ancien Contesté franco-brésilien, comme nous l'avons vu déjà, des terrains métamorphiques avec amphibolites dominantes sont traversés par des veines de granulite et de quartz connexe ayant renfermé de la pyrite de fer ; ces pyrites ont donné, aux affleurements, des oxydes de fer ou de manganèse avec or libre dans le terrain de décomposition.

Au Brésil, on trouve de même, dans la province de Minas, de grandes masses de minerai de fer oligiste ou itabirites, parfois exploitées pour or (à Gongo-Socco et Morro de Santa Anna). Là l'or imprègne, en outre, les joints des quartzites, les surfaces des schistes micacés et peut même se trouver dans de vrais filons quartzeux, où il a été, en même temps, isolé par l'altération et précipité à l'état natif.

§ 4. — **Gisements de concentration secondaire. —
Minerais de préparation mécanique. — Alluvions aurifères. — Placers.**

J'ai déjà dit pourquoi cette forme de gisements,
qui est la plus connue, la plus frappante pour l'imagination, la plus séduisante aussi au premier abord,
tend peu à peu à disparaître et ne comptera plus
dans quelques dizaines d'années, quand l'homme
civilisé aura complètement pris possession de la
Terre[1]. Ces minerais sont, en effet, le résultat très
récent, remontant à peine plus loin que l'apparition
de l'homme, d'une érosion, par laquelle les roches, les
filons ont été démantelés, broyés, mécaniquement
et, sans doute aussi, chimiquement concentrés. La
nature s'est chargée là d'effectuer, économiquement
pour nous, le travail que, dans d'autres circonstances, nous sommes obligés d'opérer péniblement
avec nos pilons, nos cribles et nos tables à secousses.
Il en résulte que des minerais, par eux-mêmes très
pauvres, ont pu donner des alluvions utilisables. On
aurait très grand tort de s'imaginer inversement
que, parce qu'on rencontre des placers fructueux, les
filons originels doivent nécessairement pouvoir
donner aussi des résultats industriels. Cela arrive,
et la plupart des grands filons d'Australie ou de
Californie ont été trouvés ainsi, en remontant du
placer à son origine ; mais c'est plutôt l'exception.

1. Voir le tableau de la page 20.

L'enrichissement de l'alluvion paraît d'autant plus marqué en pratique qu'il s'est ainsi constitué une catégorie de minerais, auxquels on peut appliquer des procédés d'extraction merveilleusement économiques, l'abatage hydraulique par exemple, réduisant la teneur minima utilisable à une fraction de franc par tonne.

Le phénomène de destruction, d'érosion et de remaniement dans les cours d'eau, qui a constitué les placers, a dû se produire dans toutes les périodes de l'histoire du globe et, avec une intensité spéciale, à la suite de tous les grands mouvements internes qui avaient fait surgir des chaînes montagneuses ; celles-ci ont été aussitôt soumises à un effort destructif, dans lequel leurs matériaux, et spécialement leurs parties métalliques, se sont classifiés. Il a donc dû se former des alluvions aurifères à peu près à toutes les époques ; et, en effet, on connaît quelques indices de dépôts semblables dans les terrains anciens ; il n'est pas impossible même, comme nous l'avons vu, que les riches gisements du Witwatersrand aient commencé par avoir une origine de ce genre [1]. Cependant les alluvions aurifères antérieures à la plus récente période de l'histoire géologique, qui commence avec le soulèvement de nos dernières chaînes montagneuses les plus élevées et les plus jeunes, sont extrêmement rares. Cela tient à ce que des dépôts de ce genre, superficiels au premier chef et continentaux, se sont trouvés immédiatement exposés, à moins de circons-

1. Voir page 59.

tances très spéciales, à la continuation des efforts destructifs qui avaient commencé par les produire eux-mêmes; ils ont été érodés à leur tour et remaniés; finalement ils ont disparu, comme l'ont fait, d'une façon générale, à peu près toutes les formations continentales des périodes un peu reculées. Les alluvions de la phase tertiaire, qui peuvent au plus loin remonter jusqu'à l'éocène [1], ont elles-mêmes subi des vicissitudes de ce genre; et c'est, en grande partie, l'or des premières alluvions tertiaires formées sur les plateaux qui, peu à peu remanié et déplacé, est, de terrasse en terrasse, descendu, avec le creusement des vallées, jusqu'aux alluvions les plus modernes.

Quand le chercheur d'or, le « prospecteur », aborde une région nouvelle, il procède ordinairement à l'inverse de cette évolution historique en partant des vallées actuelles, le long desquelles il commence par « orpailler », par laver du sable à la batée ou à la sébile; puis, ce premier gisement épuisé, ce qui se fait vite, il aborde une terrasse d'alluvions plus élevée, plus ancienne; puis il remonte un degré encore et se voit alors obligé d'employer des méthodes plus industrielles, de travailler plus en grand. C'est ainsi qu'on a été amené, en Californie, à porter l'effort principal de l'exploitation minière sur les alluvions anciennes des plateaux, recouvertes par des couches de terrains stériles et parfois par des coulées de laves volcaniques, sous lesquelles il a fallu aller les chercher souterrainement. A force de puits et de sondages, on a fin[i]

---

1. Subdivision la plus ancienne du tertiaire.

par dresser progressivement des cartes très détaillées de ces alluvions souterraines, où figurent, comme les rivières actuelles, ces chenaux de rivières anciennes, aujourd'hui complètement masqués à la superficie; et c'est en allant les atteindre par un moyen quelconque que se fait l'exploitation.

Les caractères généraux les plus saillants de toutes ces alluvions aurifères sont les suivants, par exemple dans la Californie, qui peut nous servir de type.

On a là, sur près de 400 kilomètres de long et jusqu'à une altitude de 2 100 mètres, des rigoles plus ou moins larges, remplies par des produits détritiques, dont les plus anciens sont miocènes et quelques-uns pliocènes [1]. Ces couches fluviatiles, où s'intercalent parfois des tufs volcaniques et que peuvent recouvrir des basaltes, reposent sur un lit de schistes, que l'on appelle la roche du lit ou « bedrock », et c'est d'ordinaire au contact de ce bedrock que l'or s'est surtout accumulé, bien qu'il arrive d'en trouver à divers autres niveaux. L'or y est contenu à l'état de fine division et associé à des pyrites qui, dans les zones non altérées au contact de l'air, donnent une teinte bleue (gravier bleu) et, dans les parties oxydées, une teinte rouge (gravier rouge). L'épaisseur va de quelques centimètres à 15 mètres. La teneur est très variable depuis zéro jusqu'à plusieurs francs. Parfois on a jusqu'à trois niveaux aurifères superposés.

En principe, on peut remarquer que tous les placers témoignent d'un transport peu prononcé et

1. *Miocène*, subdivision moyenne du tertiaire. *Pliocène*, subdivision supérieure.

sont, par conséquent, en relation assez directe avec les gîtes originels. Je rappellerai également, parce que c'est un point discuté, que, sans doute, la dissolution chimique y est intervenue (toujours dans les mêmes conditions étudiées au paragraphe précédent et à la faveur du sulfate de fer) pour amener la concentration de l'or en pépites, plus volumineuses que les fragments du même métal contenus dans les filons voisins.

On a fait encore remarquer que la loi très habituelle, d'après laquelle l'or est, comme nous venons de le voir, concentré de préférence à la base des alluvions, sur le « bedrock », semble nécessiter un déplacement de l'or dans l'alluvion même, postérieurement à son dépôt : déplacement peut être analogue à celui qui, dans un lavage de sables aurifères, fait bientôt descendre l'or plus dense à travers les stériles, jusqu'à la base de la cuvette où on lui imprime des secousses. Pour la même raison, l'or s'est souvent introduit dans les fissures mêmes du bedrock jusqu'à 0 m. 50 de profondeur.

Comme autre type connu d'alluvions aurifères, présentant les mêmes caractères généraux que la Californie avec quelques particularités locales, nous citerons les placers du bassin du Yukon dans l'ouest du Canada. Près du fleuve Klondyke, il existe là une série de terrasses aurifères, dont les plus hautes offrent, à la base, et sous des terrains stériles, une couche blanchâtre riche en quartz et en or (*white gravel channel*) qui a pu atteindre 25 mètres d'épaisseur. L'or y est en petites feuilles arrondies et en noyaux. Egalement dans l'Alaska, au cap Nome, on a, sur le bord de la mer, une couche de sable aurifère teintée en rouge d'environ 10 centimètres, qui peut s'étendre sur environ 20 mètres de large.

Ces alluvions des régions boréales sont, comme celles d'une partie de la Sibérie, dans des terrains gelés.

En Sibérie, les placers de la Lena ont, dans le cercle d'Olekma, une teneur moyenne de 3 grammes sur 1 à 2 mètres d'épaisseur pour les parties exploitables ; dans le Wittim, on arrive exceptionnellement à 10 et 14 grammes.

Il faut, d'ailleurs, quand il est question de ces teneurs, ne pas oublier nos remarques préliminaires sur le caractère purement conventionnel et simplement industriel d'une « teneur en or moyenne ». La teneur en or *inférieure* est uniquement déterminée par le prix de revient du traitement ; et la *moyenne* est influencée, dans une proportion inconnue, par la manière dont on croit devoir conduire l'extraction en sortant plus ou moins de minerai pauvre. Comme, dans la plupart des mines d'or bien conduites, aussi bien dans un placer sibérien que dans un filon du Transvaal, l'exploitation est précédée par un traçage ou par une suite de sondages ayant pour but de déterminer d'avance les quartiers riches ou pauvres, il est toujours facile de faire, au moins momentanément, varier la moyenne par le choix des massifs dépilés. Quant à la teneur en or maxima, elle dépend de la rencontre possible d'une pépite dans la zone analysée et signifie encore moins. Le seul moyen d'appréciation intéressant, qui n'est pas géologique, est donc le bénéfice net réalisable sur un nombre déterminé de tonnes en fonction du prix de revient.

§ 5. — Teneur en or des massifs continentaux et des mers. — Réserves en or futures. — Localisation extrême des grands gisements.

Comme conclusion de cette étude géologique, où nous avons cherché à nous rendre compte de ce qui s'était produit pour les concentrations anormales de l'or, nous allons, à titre de comparaison, examiner, au contraire, quelle est la teneur normale, moyenne, des terrains en or. Nous essayerons de calculer cette teneur moyenne, d'abord pour l'ensemble des massifs continentaux, puis pour les mers, dont la teneur en or n'est nullement négligeable. De la sorte, nous pourrons apprécier le degré de concentration qui s'est produit dans les gisements industriels et mettre en évidence le caractère tout à fait exceptionnel de ceux-ci. La question a d'autant plus d'intérêt pratique que, suivant une remarque précédente, ce sont les immenses masses de minerais pauvres ou de roches à très basse teneur, par lesquelles est réalisée cette teneur moyenne, qui sont vraisemblablement appelées à jouer le rôle prépondérant dans les exploitations d'or futures, quand on aura épuisé (ce qui ne demandera pas longtemps) les quelques rares concentrations sur lesquelles nous vivons en ce moment.

Le calcul dont il s'agit ici semble d'abord presque irréalisable et je ne crois pas qu'on l'ait jamais tenté.

On ne peut, en effet, l'attaquer directement comme pour un métal partout abondant et, dès lors, couramment dosé dans les analyses tel que le fer. La moyenne d'un très grand nombre d'analyses (de plusieurs milliers, si l'on veut) nous donne, avec une réelle exactitude, la teneur moyenne en fer de l'écorce superficielle. Mais les semblables analyses où l'or figure sont très rares. On le comprend aussitôt si l'on remarque que, d'après le résultat auquel nous allons arriver bientôt, il doit y avoir, dans la Terre, au moins 2 millions, peut-être 20 millions de fois plus de fer que d'or, en sorte que, pour déceler aussi souvent le second de ces deux métaux, il faudrait une analyse au moins 2 millions de fois plus minutieuse ou plus subtile. Nous allons cependant, en abordant le problème indirectement par diverses voies, arriver à un chiffre approximatif, qui, sans aucune prétention à l'exactitude, nous fera connaître à peu près l'ordre de grandeurs dans lequel on évolue et nous permettra surtout, chemin faisant, d'arriver à quelques conclusions économiques nouvelles.

Notre premier moyen d'appréciation sera fondé sur la production industrielle, en partant de cette idée assez vraisemblable que les productions de deux métaux sont, à conditions égales, plus ou moins en raison directe de leur abondance.

Autrement dit, supposons, au même point, deux tas de sable également accessibles et dans lesquels on fouille avec la même avidité. Dans l'un on a réparti dix fois plus de grenaille métallique que dans l'autre; il est à présumer qu'on en retirera également dix fois plus. Si la proportion réelle des quantités extraites diffère de celle-là, c'est sans doute que les facilités d'extraction ou l'avidité des chercheurs n'auront pas été les mêmes. En outre, le métal dix fois plus rare, ayant demandé dix fois plus de travail pour un même poids, devra, dans cette hypothèse, valoir dix fois plus.

Établissons donc une comparaison entre l'or et le fer.

La production de l'or depuis l'antiquité jusqu'à 1907 peut monter à quelque 18 000 tonnes représentant 62 milliards [1]. C'est, en faisant le calcul d'après la production annuelle à raison de dix heures de travail par jour, à peu près le poids de produits ferrugineux (fer, fonte, acier) que le monde livre en une heure.

L'écorce terrestre superficielle contient, en moyenne, 4,70 p. 100 de fer. Si l'on admettait d'abord, comme je viens de le dire, que les teneurs en or et en fer fussent proportionnelles à leur extraction annuelle, on arriverait, en comparant, pour 1900, les 73,2 millions de tonnes de produits ferrugineux aux 383 tonnes d'or, à une teneur 191 100 fois plus faible pour l'or [2]. La moyenne des quelques dernières années donne ainsi, pour cette teneur en or, 0,000 024 p. 100 ou, à peu près, 1/4.000.000. Par cette méthode

1. Un calcul analogue, que je reproduis ici à titre de curiosité, donne, pour le stock de diamants, comptés en diamants bruts, à peu près 20 tonnes, représentant un prix brut de 3,5 milliards.

2. En 1905, un calcul pareil, pour 85,26 millions de tonnes de fer, fonte et acier contre 573,60 tonnes d'or donnerait un rapport encore plus faible de 148 000. Mais, pour les années antérieures, avant le grand essor de l'extraction d'or actuelle, le rapport dépasse, au contraire, 200 000.

brutale, on arriverait donc à la teneur moyenne tout à fait invraisemblable de 0,24 gramme, ou 0 fr. 82 d'or, par tonne d'une roche quelconque.

Cette méthode nous conduit très évidemment à une teneur en or beaucoup trop forte : d'où nous pouvons tirer cette conclusion intéressante que, proportionnellement aux teneurs moyennes de l'écorce en fer et en or, l'extraction d'or est aujourd'hui trop élevée, la recherche en étant et plus active et plus facile.

Mais on peut remarquer, d'autre part, que la teneur moyenne d'un minerai de fer utilisé est à peu près dix fois supérieure à la teneur moyenne en fer de l'écorce (47 p. 100 contre 4,7). Si la proportion était la même pour l'or, au lieu d'une teneur de 0,24 gramme à la tonne qui est parfois presque exploitable, nous aurions pu trouver dix fois moins; et le rapport réel des teneurs en or et en fer, au lieu de 200 000, aurait été représenté par 2 000 000; il semble, en tout cas, vraisemblable qu'il ne doit pas dépasser 20 millions. Le rapport 2 000 000 correspond à une teneur en or de 1/40 000 000, ou 0 fr. 082 par tonne.

Dans la même hypothèse, remarquons-le, qui correspond pour la teneur en or à un maximum, l'or devrait valoir environ 2 000 000 de fois plus que le fer, ou 450 000 francs le kilogr. (130 fois son prix réel), en admettant (ce qui, bien entendu, n'est pas exact) que le prix d'un métal soit précisément en raison inverse de sa rareté.

La différence notable entre le prix de l'or ainsi calculé par assimilation avec le fer et son prix réel ne tient pas seulement à la diversité des frais d'élaboration ; car, dans les conditions limites du traitement, qui sont, en somme, celles d'un très grand nombre de minerais, il faut remuer à peu près le même cube de minerai de fer ou de minerai d'or pour obtenir (sous des poids singulièrement différents) la même valeur correspondante aux frais d'extraction et de traitement de ce cube de minerai : mettons, pour fixer les idées, 20 francs par tonne. Il faut donc que, contrairement à l'apparence première, la demande d'or soit, proportionnellement à la rareté, moindre que celle du fer, la recherche des mines d'or étant poussée avec une activité excessive.

En d'autres termes, par comparaison avec le fer, on produit beaucoup plus d'or que ne le comporte la teneur moyenne de l'écorce et c'est pourquoi il existe, relativement à cette teneur moyenne (ce qui ne veut pas dire relativement à nos besoins et à notre consommation) une sorte de surproduction, aboutissant à une réduction dans la valeur considérable qu'entraînerait à elle seule la rareté du métal. L'or n'a pas, par rapport au fer, toute la valeur relative qui aurait pu résulter de sa rareté. Si on extrayait réellement, suivant notre hypothèse première, des quantités d'or et de fer proportionnelles à ce qu'en renferme l'écorce, le fer, produit en quantités peut-être 1 000 fois supérieures, vaudrait environ 1 000 fois moins, ou l'or 1 000 fois plus. La « soif de l'or », qui conduit à exploiter tant de mines à perte, les facilités remarquables d'extraction dans les placers où l'or est à l'état libre, enfin la possibilité d'obtenir de l'or dans des régions d'un accès difficile, où l'on ne pourrait exploiter d'autres métaux, plus lourds à transporter, doivent contribuer à ce résultat.

Admettons provisoirement cette teneur en or moyenne de 1/40 000 000 à 1/400 000 000. Les grands gisements exceptionnels, sur lesquels l'attention est violemment attirée, interviennent fort peu pour relever cette moyenne, correspondant à d'énormes cubes de roches, puisque l'on a seulement pu extraire de ces gisements 62 milliards d'or contre un total de plus de 31 millions de milliards auquel nous allons aboutir en partant de ces chiffres moyens.

Appliquée, dès lors, à la superficie des continents émergés, ou 145 000 000 de kilomètres carrés sur 1 kilomètre d'épaisseur, cette teneur moyenne donnerait 9 000 milliards de kilogr., ou 31 000 000 de milliards de francs, dont les 62 extraits jusqu'ici représentent seulement le 1/500 000. Les chiffres sont gros ; cependant, si on remarque qu'il s'agit de la quantité d'or absolue, indépendamment de toute possibilité d'exploitation et même à l'état de traces infiniment minimes (probablement sous la forme de pyrites aurifères), qui finissent par former des chiffres sur de telles masses, on ne peut pas dire que ce résultat soit en lui-même invraisemblable. On arrive, d'ailleurs, par une autre voie, à des données suffisamment concordantes.

C'est ainsi que l'on a pu apprécier la teneur en or moyenne des mers avec une exactitude impossible à espérer pour les roches et terrains des continents, qui sont tellement plus hétérogènes.

Cette teneur a été analysée à diverses reprises et

les chiffres obtenus sont fort analogues. Dès 1872, M. E. Sonstadt trouvait, dans l'eau de mer puisée dans une baie de l'île de Man, environ 64 milligrammes d'or par tonne. En 1884, on observa, dans la baie de San Francisco, 32 milligrammes. En 1894, M. A. Liversidge obtint, sur les côtes de la Nouvelle Galles du Sud, 32 à 64 milligrammes par tonne. Le chiffre de 30 milligrammes, ou 0 fr. 09 d'or par tonne, paraît énorme, et des chercheurs imaginatifs ont aussitôt pris des brevets pour retirer cet or de la mer. Nous n'en sommes pas encore à ce côté pratique de la question et nous sommes même très loin de pouvoir affirmer que cette teneur (en supposant les analyses de traces semblables réellement exactes) soit générale. Tous les essais ont été faits au voisinage des côtes et près de la surface. Et, sans doute, on ne voit pas la raison pour laquelle les chlorures, bromures ou iodures d'or seraient restés localisés sur les côtes actuelles, étant donné le brassage que les plissements du sol ont dû provoquer dans toute leur masse pendant de longues périodes géologiques. Cependant des variations de ce genre peuvent exister. Réduisons donc, par prudence, dans la proportion de 1 à 100; nous serons encore à 0,3 milligramme ou 0,0009 franc d'or par tonne, chiffre cent fois inférieur à celui que nous venons d'admettre pour l'or dans les terrains. Mais, si nous nous rappelons que les mers occupent une superficie de 365 millions de kilomètres carrés sur une profondeur moyenne de 3 946 mètres, soit environ 1 500 millions de kilomètres cubes, ou 1 500 millions de milliards de tonnes, on est conduit, par la force des multiplications, à des résultats prodigieux : 1 million de francs d'or par kilomètre cube, ou 1 500 000 milliards de francs pour l'ensemble des mers.

On peut, à cet égard, pousser plus loin encore et se servir de la teneur des mers pour contrôler, dans une certaine mesure, celle des continents. La précédente teneur en or de la mer doit, en effet, provenir, pour la plus grande partie, comme j'ai essayé de le montrer ailleurs, ainsi que toutes les autres substances contenues également dans l'eau de mer, du long lessivage auquel ont été soumises les matières empruntées à l'érosion terrestre, charriées par les cours d'eau jusqu'à cet « égout universel » et finalement entrées plus ou moins en dissolution suivant la solubilité de leurs sels [1]. Dans le cas d'une substance entièrement dissoute et totalement entraînée à la mer, sa teneur dans la mer devrait, d'après le calcul auquel conduit cette théorie, représenter environ le cinquième de la teneur moyenne dans la terre ferme.

Ainsi, dans cette hypothèse d'une dissolution totale, qui n'a certainement pas été réalisée à beaucoup près pour l'or et qui doit, par conséquent, nous conduire à une teneur en or beaucoup trop forte dans la mer ou trop faible dans les continents, la teneur moyenne de la mer étant de 0,3 milligramme, ou 0 fr. 0009, la teneur moyenne des roches et terrains devrait être de 1,5 milligramme, ou 0 fr. 0045 d'or

---

1. *La Science géologique*, p. 341. J'ai montré, dans cet ouvrage, comment on pouvait en conclure un rapport entre la teneur des continents et celle des mers pour une substance quelconque.

à la tonne, au lieu de 25 milligrammes et 0,082 que nous avons trouvé, soit 16 à 17 fois moins. En se rappelant que nous avons arbitrairement divisé par 100 la teneur donnée par les analyses de l'eau de mer, en faisant intervenir de plus le fait que la dissolution a été seulement partielle, on voit que la teneur en or de l'eau de mer conduit à considérer notre chiffre relatif à la teneur des roches, qui nous étonnait tout à l'heure et que nous étions portés à réduire, comme rentrant dans l'ordre d'approximation à espérer.

Comparons maintenant la teneur moyenne de 1/40 000 000, que nous avons quelques raisons de croire admissible, à la teneur de 1/33 000, qui est celle d'un minerai riche, on voit que cette dernière est seulement un millier de fois plus forte : c'est-à-dire que, si tout l'or de la Terre était réparti en de tels minerais, le reste étant stérile, il occuperait le 1/1 000 de son volume actuel. Mais ce n'est pas ainsi que la question se présente; ces points de concentration représentent à peine, comme nous l'avons vu, 1/500 000 du stock d'or total disponible. Ils ne contribuent que pour environ 1/500 000 à rehausser la moyenne et celle-ci peut donc être évaluée indépendamment d'eux. L'or des plus grands gisements, quel que soit le caractère exceptionnel de son accumulation dans un certain cube de roches, n'occupe, en effet, qu'une étendue imperceptible de la Terre, en quelques veines très minces, elles-mêmes localisées dans un fort petit nombre de centres miniers.

On peut, à cet égard, se faire une singulière illusion quand on regarde une de ces cartes où ont été figurés les minerais métallifères (il y en a beaucoup de telles pour l'or). Sur une semblable carte, le nombre des mines d'or, de ce que nous avons appelé les concentrations anormales du métal précieux, pourrait sembler énorme. Mais cela tient à ce que, sur ces cartes, pour paraître complet, on a généralement noté jusqu'aux apparitions les plus pauvres, les moins utilisables du métal en question. Pour l'or, cette sorte de mirage est poussée plus loin encore que pour toute autre substance, en raison de l'intérêt extrême avec lequel l'or a été cherché partout et de la facilité avec laquelle, sous certaines de ses formes, les plus anciennement connues et recherchées, il a pu être reconnu.

La vérité est que les gisements d'or d'une certaine valeur sont très exceptionnels et que leur cube intervient, pour rehausser la moyenne précédente, d'une façon tout à fait insignifiante.

Défalquons, par exemple, les 150 kilomètres de longueur des filons californiens, qui ont pu fournir 7 milliards sur une largeur minime, les 50 kilomètres de longueur du Witwatersrand qui en donneront peut-être 15 sur une épaisseur de quelques mètres utilisables, Kalgoorlie qui en donnera peut-être 2, le groupe de Bendigo à peu près autant avec une minceur analogue, et quelques gîtes fameux dont on peut estimer la valeur moyenne à 1 milliard dans l'ordre d'approximation qui nous intéresse ici, comme le filon du Comstock, le district de Cripple Creek ou le Yukon ; retranchons encore quelques tas d'or ren-

contrés en Colombie, au Brésil, en Guyane, à Homestake au Dakota, en Hongrie, dans l'Oural, sur l'Iénisséi, la Lena ou l'Amour[1], et ce qui subsistera de
gisements reconnus et exploités pour tout le reste du
globe sera bien peu de chose. Ce sont bien les traces
infimes contenues de tous côtés, sinon partout, dans
les terrains et presque toujours, vu leur caractère
infime, impossibles même à percevoir pour nos analyses, qui, multipliées par des millions de kilomètres
cubes de roches, donnent le résultat précédent. Et
cette observation vient à l'appui d'une idée sur laquelle
j'ai déjà insisté, à savoir qu'en dessous de la teneur
exploitable actuelle, il existe des quantités d'or à peu
près indéfinies sous forme de minerais de plus en
plus pauvres : minerais dont l'utilisation ne pose
qu'une seule question, celle du prix de revient.

On s'en rend mieux compte en faisant un calcul
analogue pour le fer. Là la teneur moyenne de
l'écorce est, tout au contraire de celle à laquelle nous
sommes arrivés empiriquement pour l'or, directement
et chimiquement déterminée par de nombreuses analyses, beaucoup plus aisées puisque cette teneur est
au moins 2 millions de fois plus forte. Or, dans les
mêmes 145 000 000 kilomètres cubes de roches qui
forment l'écorce continentale sur un kilomètre
d'épaisseur, il entre, à raison de 4,70 p. 100, 16 500 000
milliards de tonnes de fer, tandis que les estimations
relatives aux gisements proprement dits de fer actuel-

---

1. Parmi les placers sibériens, on estime que ceux du Djilinda
et du Djolon (Zéya, dans la province de l'Amour) ont donné
chacun 100 millions.

lement reconnus ne dépassent guère 16 milliards de tonnes, ou plus de 1 million de fois moins. Si, tout à l'heure, au lieu de partir, pour notre calcul précédent, de la teneur en fer totale, nous étions partis de ce chiffre relatif à la teneur exploitable, nous aurions obtenu, au lieu de 31 millions de milliards d'or à extraire, 31 milliards seulement, c'est-à-dire assuré-- ment beaucoup trop peu, dans les mêmes conditions actuelles qui ont servi de base aux calculs relatifs au fer, puisque cela correspond à peine à 15 ans de l'extraction actuelle. Mais, quand on parle de 16 milliards de tonnes reconnues, il s'agit seulement des gisements situés dans des conditions industriellement exploitables : conditions beaucoup plus rarement réalisées pour le fer que pour l'or, à connaissance minéralogique égale des gisements. Ce chiffre n'est donc pas en contradiction avec les résultats obtenus précédemment et nous sommes encore ramenés par cette voie à l'idée que l'activité humaine se jette sur l'or avec une fièvre qui en rend l'extraction proportionnellement trop élevée par rapport à la teneur moyenne de la Terre.

CHAPITRE II

ÉTUDE GÉOGRAPHIQUE DE L'OR
SA RÉPARTITION DANS LE PASSÉ
ET DANS LE PRÉSENT

§ 1. — L'or dans le passé : l'antiquité, le moyen âge. — La découverte de l'Amérique.

§ 2. — Le premier âge d'or moderne. — La Californie et l'Australie.

§ 3. — L'âge d'or actuel. — Le Transvaal, l'Australie occidentale, le Colorado, le Mexique, l'Alaska, etc. — Répartition actuelle de la production aurifère par continents et par pays.

§ 4. — Origine et valeur du stock d'or mondial.

Nous avons vu quels sont géologiquement les gisements de l'or ; les conditions nécessaires à la réalisation de tels gisements sont très localisées à la surface de la Terre, et j'ai insisté sur le côté vraiment exceptionnel de concentrations suffisantes pour donner lieu à une grande exploitation aurifère. Les centres de production de l'or susceptibles d'intervenir, pour une part sérieuse, dans la production mondiale, sont rares, même aujourd'hui où les recherches minières ont pris, dans tous les pays, une activité fébrile ; ils l'ont été bien plus encore à des époques anciennes, où la connaissance de notre globe était moins avancée. En outre, chacun des gisements tour à tour découverts représente, on ne doit pas l'oublier, une richesse précaire, momentanée. Contrairement à l'idée que l'on se fait trop souvent d'une mine, un filon d'or ou, à plus forte raison, une alluvion n'est pas comme un champ, qui peut chaque année produire une nouvelle récolte; c'est un sac, dans lequel on puise et qu'on vide rapidement. Pour connaître la distribution géographique de l'or sur la Terre, il serait donc très insuffisant de se borner au présent, qui constitue une simple phase épisodique; il faut aussi faire un peu d'histoire et utiliser l'enseignement du passé; c'est ainsi seulement que nous pourrons nous rendre compte de la façon réelle dont l'or est réparti sur la Terre, apprécier la valeur respective des divers gisements, comparer la richesse en or des grands continents et la part prise par eux dans la constitution du stock d'or mondial, et finalement arriver à quelques conclusions, dont nous aurons besoin plus tard, sur les probabilités de la production et de la répartition future, en ce qui concerne la même richesse.

§ 1. — L'or dans le passé. L'antiquité, le moyen âge. — La découverte de l'Amérique.

Les anciens ont connu un grand nombre de gisements d'or, qui ont disparu, presque jusqu'à la dernière trace; on a vu se manifester là cette loi naturelle de l'épuisement, que j'ai mentionnée déjà à bien

des reprises. Il viendra de même assez vite un jour
où les Californiens s'étonneront peut-être en enten-
dant dire que leurs ancêtres récoltaient de l'or dans
leurs rivières, comme peuvent le faire des habitants
du bassin de l'Adour, de la campagne de Malaga, de
la plaine de Grenade, de la vallée du Pô, en lisant
qu'il a existé dans leur pays des placers aurifères.
Je ne prétends pas qu'aucun de ces antiques gisements
alluvionnels, et l' « or du Rhin » lui-même ou l'« or
du Pactole », aient jamais valu la Californie ou le
Transvaal ; cependant il ne semble pas qu'il faille
trop déprécier la valeur réelle de ces exploitations
qui fournirent de l'or à l'Antiquité et, dans ce cas
comme dans beaucoup d'autres, on a peut-être eu un
peu trop de tendance à traiter de fables puériles les
récits d'Hérodote ou des autres anciens géographes.
Ce n'est pas seulement dans leurs récits que l'or scin-
tille avec une abondance due en partie à l'imagination méridionale. Cet or antique, on en retrouve
des spécimens nombreux dans les sépultures de
l'Égypte, de Mycènes, etc. Il faut bien admettre que
les rois, couchés dans leur sépulcre avec des masques
d'or, ou les Égyptiens couverts de bijoux, colliers,
pectoraux, etc., en or, n'avaient pas enseveli avec
eux tout le métal précieux qu'ils possédaient et que
la très majeure partie avait dû être conservée par les
vivants. Dans d'autres parties du monde, on sait
quelles richesses en or accumulées depuis longtemps
furent rencontrées par les Espagnols dans leurs
conquêtes américaines, bien que de Humboldt ait
réduit à 100 millions les trésors de Montézuma et des

Incas [1]; on ne peut oublier non plus quelle abondance de métaux précieux a toujours existé en Extrême-Orient.

Pour nous borner au monde antique, aux régions méditerranéennes, qui aujourd'hui sont si pauvres en or, parce qu'elles ont été de longue date épuisées, nous pouvons nous faire une idée des points où l'on exploitait l'or par quelques textes historiques parfaitement précis [2].

Les premiers centres d'extraction furent évidemment dans la zone des plus anciennes civilisations, en Arménie, en Chaldée, en Asie Mineure ou dans l'Égypte. Nous n'avons à peu près aucun renseignement sur les mines qui purent exister très anciennement en Arménie, dans l'Altaï, dans l'Oural, en Sibérie, etc., quoique certain passage d'Hérodote sur les Arimaspes ait pu être appliqué à l'Oural. Mais il est bien vraisemblable que l'or, apporté de là et de l'Inde par caravanes, contribuait à alimenter ce trésor des rois perses, qui a joué un si grand rôle dans les négociations avec la Grèce. La Grèce elle-même était très pauvre en or jusqu'aux guerres médiques; mais la Perse en possédait certainement de grandes quantités. Les gisements d'or de l'Arménie sont mentionnés par Strabon; ceux de la Colchide, à l'ouest du Caucase, ont donné lieu aux fabuleuses légendes de cette Toison d'or, qui était évidemment un moyen pour recueillir la poudre d'or dans les cours d'eau.

1. *Essai politique sur le royaume de la Nouvelle-Espagne*, t. III. Cf. DE FOVILLE, *Annales de Géographie*, 15 mai 1897.

2. On trouvera ces textes reproduits pour la plupart dans HUGO BLÜMNER, *Technologie und Terminologie der Gewerbe und Künste bei Griechen und Römern*, Leipzig, 1886, t. IV, p. 10.

En Chaldée également, l'or existait en filons et en sables, etc.

Les mines de l'Asie Mineure, bien mieux connues, ont été longtemps fameuses ; il ne serait pas impossible que quelques-unes le redevinssent le jour où ces pays si riches échapperaient enfin aux Turcs pour rentrer dans la civilisation. Il suffit, pour s'en rendre compte, de penser aux antiques légendes de Crésus, roi de Sardes, ou de Midas, roi de Phrygie, changeant en or tout ce qu'il touchait. Les anciens vantaient, du temps d'Hérodote, l'immense quantité d'ouvrages en or offerts à Delphes par ces « barbares », Midas d'abord, puis Gygès, roi de Lydie et ancêtre de Crésus. Il y avait là manifestement, cinq siècles avant Jésus-Christ, quelques grands centres d'extraction, qui nous sont connus par Hérodote ou, plus tard, par Strabon, bien qu'à l'époque de ce géographe (temps de Tibère) les mines en question fussent épuisées. La Phrygie était riche en or. Tantale et les Pélopides, puis Priam y tiraient leur métal précieux des mines d'Astyra (au nord de Troie) qui, jadis très riches, comme le montraient la masse des déblais et la profondeur des excavations, ne donnaient plus, au temps de Strabon, que des produits insignifiants. Plus au sud, en Lydie, d'autre part, dans la plaine de Sardes, l'or des Gygès, des Alyatte, des Crésus provenait en partie du Pactole, qui devait se trouver près de Sart (Sardes), dans une des vallées descendant du mont Tmolos à la rivière Hermos. Les sables de cette rivière avaient contenu jadis beaucoup de paillettes d'or ; mais il n'en restait déjà plus trace à l'époque de Strabon. Un autre centre d'exploitation où, au début de l'ère chrétienne, on voyait encore des restes de travaux abandonnés près d'une petite ville désertée, se trouvait plus à l'ouest, entre Pergame et Atarneos, en Troade, à la hauteur de Mételin. Enfin le mont Sipyle, qui est au nord de Smyrne, avait fourni de l'or à Tantale.

En continuant le tour de la mer Egée vers le nord, on arrive bientôt aux mines également très anciennement réputées de la Macédoine et de Thasos. A Thasos, Hérodote décrit, pour les avoir visitées lui-même, des mines d'or très importantes dans une région où l'on ne voit plus aujourd'hui que des filons complexes, surtout cuprifères ; mais la plus grande richesse en or devait être sur le continent. Les mines situées à l'ouest de Philippes, dans le massif du mont Pangée, à Skapté Hylé, à Daton près de la côte, à Asyla près de Crénides, puis, en remontant le long du Strymon (Strouma) de Sérès vers Melnik et la frontière actuelle de Bulgarie, étaient célèbres au ve siècle avant Jésus-Christ ; déjà Cadmus, d'après Strabon, tirait tout son or de ces mines de Thrace et du mont Pangée ; au temps de Strabon encore, la charrue rencontrait souvent par là des pépites d'or. Enfin le même Strabon cite, comme ayant fourni l'or du roi Midas, le mont Bermios, situé en Macédoine, dans la région des lacs de Kastoria et de Prespa : montagne qui, d'après lui, avait été la demeure primitive des Phrygiens avant leur passage en Asie [1]. Il mentionne également l'or de Piérie en Macédoine.

1. Cette montagne aurait produit 1 000 talents d'or par an, soit

Parmi les îles de la mer Egée, en dehors de Thasos que j'ai déjà citée, on a parfois mentionné Chypre comme produisant de l'or; ce n'était, en tout cas, qu'un accessoire dans ses exploitations de cuivre. Au contraire, Siphnos a été longtemps célèbre pour ses mines d'or, qui lui permettaient de payer un tribut à Athènes; on y voit encore des traces de puits et Pausanias parle d'un ras de marée qui aurait interrompu les exploitations.

Au sud de la mer Egée, l'Égypte a dû être la source principale de l'or égyptien et de l'or mycénien. Ces mines d'Égypte, qui paraissent avoir été d'une grande richesse et sur lesquelles on essaye aujourd'hui de reprendre l'abatage de quelques filons, étaient situées dans le massif montagneux entre le Nil et la mer Rouge, au voisinage de cette dernière mer, surtout aux deux points d'Um-Rus et de Bérénice (ce dernier à peu près à la hauteur de la première cataracte). Les mines et leur exploitation sont connues par divers textes et papyrus, notamment par un long passage de Diodore de Sicile. On sait positivement que les rois de Babylone et de Cappadoce y envoyaient chercher de l'or et que Ptolémée II en tirait un gros revenu annuel, estimé peut-être avec quelque exagération à 100 millions; au début de l'ère chrétienne encore, les mines, quoiqu'en décadence,

---

100 millions, du temps de Philippe de Macédoine. Le chiffre est énorme, il a dû être grossi par le mirage. Il n'est pourtant pas absurde, avec les milliers d'esclaves dont on disposait alors et les minerais à or natif qui n'exigeaient aucun traitement métallurgique perfectionné.

passaient pour produire 75 à 80 millions [1].

Il existait également des mines d'or en Arabie, dans le voisinage de la mer Rouge. Et l'intérieur de l'Afrique fournissait de l'or apporté par caravanes, sans parler de la fabuleuse Ophir qui pouvait représenter tous les arrivages par mer entrant dans la Méditerranée par la mer Rouge.

Après la période où l'exploitation de l'or portait surtout sur la région est de la Méditerranée, on a connu une autre phase où les mines productives se sont transportées vers l'ouest, dans les pays des barbares espagnols, gaulois, ou italiens des Alpes. Strabon et Pline nous signalent, en ces divers points, de nombreux gisements aurifères, dont quelques-uns touchaient déjà à l'épuisement de leur temps. C'est, par exemple, en Espagne, la région côtière de Malaga et, probablement, les pentes de la Sierra Nevada sur le territoire des Orétans, de Malaga à Carthagène, le long de ce qu'on appelait la Bastétanie (Andalousie), où il existe de nombreux minerais de tous genres et même des traces d'or.

Un peu plus loin vers l'ouest, c'est la Turdétanie, qui correspondait à la région d'Huelva et de Séville, dont Strabon décrivait avec enthousiasme les mines d'or et surtout les sables aurifères, en même temps que les mines de fer et de cuivre. On sait que, dans cette région, les pyrites de fer cuivreuses, parfois légèrement aurifères, abondent, et il est probable que leur préparation mécanique avait fini par donner des sables

____

1. L. DE LAUNAY, *Richesses minérales de l'Afrique*, p. 116 à 121.

aurifères abondants dans les alluvions. En Portugal (Lusitanie), divers cours d'eau, au nord du Tage, charriaient également des paillettes d'or en grande quantité. Le Douro était aurifère. Enfin, d'après Pline, presque contemporain de Strabon, l'Asturie, la Galice et la Lusitanie (Portugal) fournissaient 20 000 livres pesant d'or par an, obtenu par une sorte de méthode hydraulique. C'est une région où on connaît encore des sables aurifères et surtout de nombreux gisements d'étain, métal souvent associé à l'or (notamment dans notre Plateau Central).

En Gaule, on a vanté longtemps les mines d'or des Pyrénées et des Cévennes. Pline l'Ancien y célèbre une certaine mine d'Albicrate, dont l'emplacement est inconnu. Strabon cite notamment le pays des Tarbelli, qui représente l'ouest de notre pays basque... « Les Tarbelli, dit-il, ont dans leur territoire les mines d'or les plus importantes qu'il y ait en Gaule; car il suffit d'y creuser des puits d'une faible profondeur pour trouver des lames d'or, épaisses comme le poing, dont quelques-unes ont à peine besoin d'être affinées. Mais, en général, c'est sous la forme de paillettes et de pépites que l'or s'y présente... » Diodore de Sicile mentionne également les Tectosages; il vante les nombreuses mines d'or de la Gaule, où l'or est, dit-il, abondant partout dans les temples et lieux sacrés, sans que personne y touche jamais. Dans le Plateau Central, on a retrouvé, en bien des points qui se nomment souvent encore l'Aurière, la trace de déblais antiques où l'on dut très probablement laver des sables aurifères.

En Angleterre, Strabon et Tacite mentionnent la présence de l'or; les Romains paraissent avoir, en effet, exploité certaines mines du pays de Galles et des sables aurifères du Cornwall et du Devon.

Rome a commencé, comme la Grèce, par être très pauvre en or, et l'on a souvent cité un texte de Pline racontant qu'on avait eu du mal à trouver, dans la ville, mille livres pesant d'or pour payer la rançon aux Gaulois. Ces Gaulois, riches en or par leurs mines et par leurs conquêtes, avaient, au contraire, l'habitude de s'en parer jusque dans les combats. Rome n'a eu des mines d'or que lorsqu'elle s'est étendue vers les Alpes. Il est question, dans ce même Pline, des mines de Vercelles en Piémont (Vercelli), dont les fermiers n'avaient pas le droit d'employer plus de 5 000 ouvriers à l'exploitation : ce qui indique leur importance. Toutes ces rivières qui descendent au Pô, la Doire Ripaire, la Stura, l'Orco, la Doire Baltée, la Sesia et leurs affluents secondaires ont, d'ailleurs, continué à rouler un peu d'or jusqu'à nos jours. Strabon signale surtout comme aurifère le pays des Salasses, vers le Val d'Aoste, où l'on avait installé, de son temps, un lavage des terrains aurifères, qui, en gênant les populations agricoles situées en aval, entraînait, dit-il, des querelles fréquentes entre les deux peuples (on croirait lire un récit contemporain, relatif à la Californie).

Puis c'est la Carinthie ou le Frioul, au nord d'Aquileia, où l'on trouvait, à quelques pieds de profondeur, de la poudre d'or et des pépites... « Les barbares, dans le commencement, avaient associé des

Italiens à leur exploitation ; mais, quand ils surent qu'en deux mois de temps, la valeur de l'or par toute l'Italie avait baissé d'un tiers, ils chassèrent ces associés étrangers, comptant se réserver désormais le monopole de leurs mines. Là, comme en Espagne, l'or ne s'extrait pas seulement des entrailles de la terre, on le retire aussi du lit des rivières qui le charrient sous forme de paillettes, en moins grande quantité pourtant que celles d'Espagne. »

Les Romains tiraient également de l'or de la Dalmatie et surtout de la Transylvanie, dont ils avaient commencé à reconnaître la valeur. L'Inde avait de longue date produit de la poudre d'or ; plusieurs siècles avant Jésus-Christ, on parlait déjà de ce pays lointain où, prétendait-on, les fourmis ramenaient l'or de dessous terre. Probablement l'Oural d'un côté, l'Afrique Centrale de l'autre, en expédiaient quelque peu par caravanes. C'est à l'Oural que l'on a cru pouvoir appliquer un texte d'Hérodote, rappelé plus haut, où il est question des Arimaspes à un seul œil qui extraient l'or des montagnes et le vendent aux Agrippéens, tribu d'un caractère sacré ayant eu, semble-t-il, le privilège de ce commerce. Et le même Hérodote décrit aussi les échanges de poudre d'or faits par les navigateurs carthaginois en Afrique, sur la côte de Libye, au delà des colonnes d'Hercule.

En même temps que Rome prit possession du monde, elle s'enrichit de plus en plus en or. Il vint un moment où les métaux précieux abondaient dans la ville, où l'on se servait de l'or pour faire des statues massives, pour dorer, à l'indignation des vieux

Romains, les lambris des appartements, où Agrippine, femme de Claude, se montrait en public vêtue d'une tunique en fils d'or tressés, etc. Puis arrivèrent les invasions barbares, et cet or, pillé, emporté au hasard, dispersé, s'évanouit. Le travail des mines s'arrêta d'autant plus facilement que la plupart des mines antiques s'épuisaient et, pendant plusieurs siècles, l'Europe fut très pauvre en métaux. On se contenta tout au plus de continuer à gratter sur quelques anciens filons. A la fin du moyen âge, on estime qu'il ne restait pas en Europe plus de 3 ou 400 millions d'or.

Vers le xiiie siècle, un réveil commença à se produire, qui atteignit son apogée au moment où la découverte du Nouveau Monde, en jetant dans la circulation des quantités de métal tellement supérieures à celles que pouvait produire l'Europe, interrompit les efforts. Pendant cette période, on travailla avec une certaine activité, dans les Alpes, dans les Tauern, en Transylvanie, dans divers points de l'Espagne; on commença à attaquer activement les mines d'Allemagne, de Norvège, puis d'Angleterre (pays de Galles), etc.

Les grandes découvertes géographiques de la fin du xve siècle et du commencement du xvie transformèrent les conditions d'exploitation.

En 1519, Fernand Cortez entre à Mexico. En 1527, Pizarre aborde au Pérou. Dès 1535, Charles-Quint suspend l'exploitation des mines espagnoles pour expédier les mineurs dans le Nouveau Monde. Bientôt l'or commença à affluer de tous ces Eldorados, qu'on poursuivit et découvrit tour à tour entre l'isthme de Panama et le Brésil; les richesses du Mexique, des Guyanes, du Pérou, le trésor de Montézuma ou celui des Incas enflammèrent les imaginations. En même temps, l'Afrique envoyait également de la poudre d'or, qui, patiemment accumulée par le travail peu coûteux des nègres, arrivait à la côte en entretenant le mirage de richesses fantastiques dans l'intérieur : or de la Côte-d'Or, sur le golfe de Guinée; or du fabuleux Monomotapa (correspondant à une partie de notre Rhodésia) où les Portugais travaillèrent dès le xvie siècle; or de Madagascar, de l'Égypte, de l'Inde, etc. Une partie de ces chiffres échappait à tout contrôle; mais la principale, celle que fournissaient les colonies de l'Espagne ou du Portugal, était soigneusement surveillée par la cupidité des gouverneurs, et c'est d'après les chiffres conservés à ce propos dans les archives qu'ont pu être établis les tableaux de Michel Chevalier, Soetbeer, etc.

D'après ces statistiques approximatives, la moyenne annuelle de la production aurifère mondiale se serait élevée progressivement de 5 800 kilogrammes vers 1500, à 7 160 vers 1540, 8 510 vers 1560, pour osciller, jusqu'en 1660, pendant à peu près un siècle, autour de ce chiffre. Tandis que l'Amérique montait à 7 750 kilogrammes à la fin du xviie siècle, l'Afrique tombait de 3 000 à 2 000, l'Europe de 2 000 à 1 000.

Au xviiie siècle, la production reprit une marche ascendante avec l'essor nouveau de la production brésilienne et, d'autre part, avec l'exploitation plus méthodique et plus profonde d'une foule de mines. En 1700, on dépassa 10 000 kilogrammes et 24 000 en 1760. Le Brésil à lui seul était parti de 2 750 kilogrammes par an vers 1701 pour atteindre 8 850 de 1721 à 1740 et 14 600 de 1741 à 1760. Mais ce fut là un point culminant. L'insurrection des colonies espagnoles acheva une industrie, qui déjà par elle-même végétait. On avait tiré des gisements connus tout ce qu'ils pouvaient rendre et, suivant la loi générale sur laquelle j'ai déjà insisté, il fallait attendre un nouveau mouvement d'expansion géographique pour que la production reprît son essor. On voit, jusque-là, celle-ci décroître progressivement comme le montre le tableau suivant (I, p. 102) : 17 000 kilogrammes en 1800; 11 000 en 1820; 14 000 environ de 1820 à 1830 et seulement encore 20 000 de 1830 à 1840.

Vers cette époque, en dehors des exploitations minières persistantes en Transylvanie, dans l'Oural, en Sibérie, en Amérique du Sud, de la poudre d'or arrivée d'Afrique, on pouvait encore gagner sa vie en orpaillant sur une foule de rivières européennes; mais la Russie tendait à prendre la tête de la production à la place de l'Amérique : 3 300 kilogrammes vers 1823, 7 000 de 1831 à 1840, 22 500 de 1841 à 1850. Grâce à ce producteur nouveau, les chiffres précédents montrent comment la courbe, qui avait touché son point bas entre 1810 et 1820, avait commencé à se relever, trente ans avant les découvertes de 1848 à 1850, par l'effet des découvertes russes et sibériennes, en des pays nouveaux et difficiles d'accès.

En résumé, on estime que, de 1492 à 1848, entre la découverte de l'Amérique et celle des alluvions californiennes, la production d'or a pu monter à 15,9 milliards (4 621 tonnes), dont 2 pour l'Amérique, 2,5 pour l'Afrique, 1,1 pour la Russie et la Sibérie, 0,5 pour l'Europe. Il est inutile de faire remarquer combien ces chiffres sont approximatifs.

TABLEAU I. — **Production mondiale de l'or.**

ANNÉES	MOYENNE ANNUELLE	TOTAL	ANNÉES	MOYENNE ANNUELLE	TOTAL	ANNÉES	TOTAL
	kilog.	kilog.		kilog.	kilog.		kilog.
1493-1520	5 800	150 000	1848-1850	54 759	109 528	1890	178 803
1521-1544	7 160	171 840	1851-1855	199 388	996 940	1891	196 558
1545-1560	8 510	127 650	1856-1860	201 750	1 008 750	1892	220 632
1561-1580	6 840	136 800	1861-1865	185 057	925 285	1893	236 965
1581-1600	7 380	147 600	1866-1870	195 026	975 130	1894	272 572
1601-1620	8 520	170 400	1871-1875	173 904	869 520	1895	299 032
1621-1640	8 300	166 000	1876	156 015	156 015	1896	304 280
1641-1660	8 770	175 400	1877	171 729	171 729	1897	355 164
1661-1680	9 260	185 200	1878	179 171	179 171	1898	431 600
1681-1700	10 765	215 300	1879	163 654	163 654	1899	461 455
1701-1720	12 820	256 400	1880	160 130	160 130	1900	383 001
1721-1740	19 080	381 600	1881	154 994	154 994	1901	394 910
1741-1760	24 610	492 200	1882	153 450	153 450	1902	446 146
1761-1780	20 705	414 100	1883	143 514	143 514	1903	489 743
1781-1800	17 790	355 800	1884	153 048	153 048	1904	525 255
1801-1810	17 778	177 780	1885	163 137	163 137	1905	573 597
1811-1820	11 445	114 450	1886	159 720	159 720	1906	608 789
1821-1830	14 216	142 160	1887	159 134	159 134		
1831-1840	20 289	202 890	1888	172 007	172 007		
1841-1848	54 759	438 072	1889	185 785	185 785		
1493-1848		4 621 642 ou 15 900 millions de fr.	1849-1889		7 160 641 ou 24 600 millions de fr.	1890-1906	6 378 502 ou 22 000 millions de fr.

Total 1493-1907 : 18 160 785 kilog. ou 62 500 millions de fr.

§ 2. — **Le premier âge d'or moderne. — La Californie et l'Australie.**

Notre temps a connu deux périodes principales de grande production aurifère, séparées par une phase de stagnation relative. La première correspond à la découverte presque simultanée de l'or en Californie et en Australie. La seconde a débuté avec les merveilleuses rencontres du Transvaal, presque aussitôt suivies par celles de l'Australie Occidentale, du Colorado, de l'Alaska, etc., et avec l'invention de procédés métallurgiques nouveaux (cyanuration, etc.), qui, dans les anciens pays aurifères, a déterminé un réveil parallèle, comme s'ils avaient été pris d'émulation.

Entre ces deux périodes, il n'y a pas eu arrêt proprement dit de cette expansion géographique et économique, qui entraîne toujours, comme conséquence directe, un essor de la production aurifère; mais on s'est moins porté vers des pays entièrement nouveaux qu'on n'a achevé de mettre en valeur, aux États-Unis, en Australie Orientale, etc., des territoires déjà sommairement reconnus. D'après une loi sur laquelle j'ai maintes fois insisté, cette période économique de développement plus complet est toujours bien moins propre à la découverte de l'or, presque toujours immédiatement consécutive de l'entrée dans un pays nouveau, qu'à celle de l'argent, puis du cuivre, ensuite du plomb, du zinc, du fer, etc. A mesure qu'un pays se peuple et se crée des moyens de communications faciles, l'activité se porte sur des métaux de moins en moins relevés, qui auraient été inexploitables auparavant vu leur faible valeur et qui viennent compenser l'épuisement progressif des métaux plus nobles, sur lesquels l'on s'est jeté d'abord. On repasse, comme l'humanité légendaire, dont l'histoire avait été déterminée, en partie, par le même principe, de l'âge d'or à l'âge de bronze et enfin à l'âge de fer.

Les phases successives de cette prise de possession se reproduisent presque toujours dans le même ordre. Un pays était inabordable jusque-là, séparé de la civilisation par un désert comme le Witwatersrand ou l'Australie Occidentale, glacé comme le Yukon, le Cap Nome, la Transbaïkalie, fiévreux comme l'intérieur des Guyanes, ou simplement sans moyens de communication comme la Colombie Britannique et la Corée. Un moment vient où quelques isolés y pénètrent, des aventuriers qu'une heureuse rencontre amène à recueillir, dans le sable des rivières ou sur l'affleurement d'un filon, un peu de sable d'or. D'autres accourent aussitôt à leur suite; phase de développement intensif, fiévreux, de grosse production individuelle, de fouilles au hasard, de recherches désordonnées, un « rush », suivant le terme anglais. Puis les premières alluvions s'épuisent; ou, si l'on avait trouvé des filons, les parties hautes, enrichies, de ces filons [1]; il faut, pour continuer, une méthode plus industrielle, des capitaux, etc. Tandis que le pays se transforme, se civilise, devient souvent agricole, les entreprenants, qui n'y ont plus leur place, partent en

1. Cette loi d'épuisement rapide des alluvions aurifères, qui vient de se manifester pour le Yukon, a été autrefois très nette en Californie. De même, en Sibérie, le district d'Iénisséisk était, de 1840 à 1847, le premier district aurifère du monde entier. En 1847, il produisait à lui seul 20 000 kilogrammes d'or. Baissant d'année en année par l'épuisement des alluvions, il n'en donne plus aujourd'hui que 2 500. Il se meurt après avoir produit 440 000 kilogrammes d'or, soit 1 300 millions environ.

avant, plus loin et, sur mille qui échouent ou meurent, il en est bien quelques-uns qui aboutissent à une découverte nouvelle. Pendant ce temps, dans le premier centre minier qui évolue, l'extraction baisse un peu, puis remonte, puis s'abaisse décidément quand on aborde bientôt les parties profondes des filons à minerais complexes exigeant un traitement plus délicat et plus coûteux. A ce moment, il y avait même souvent autrefois arrêt et abandon des mines. Aujourd'hui, les procédés métallurgiques étant plus connus et plus vulgarisés, cette période critique se franchit plus facilement ; elle exige pourtant de nouveaux appels de fonds, une nouvelle organisation des capitaux et ne peut, en général, se réaliser que quand les moyens de communication ont été créés. Ces chemins de fer, qui sont destinés à desservir quelques grands centres miniers, en font du même coup découvrir d'autres et les rendent exploitables. Une période d'accroissement tranquille et continu succède alors, pendant un nombre d'années plus ou moins long, aux brusques soubresauts des débuts, jusqu'à ce que la profondeur de plus en plus grande des travaux détermine un nouvel arrêt : arrêt qu'on ne peut, d'ailleurs, jamais qualifier de définitif, puisque les progrès techniques dans l'exploitation ou dans la métallurgie, sans compter les demandes nouvelles du métal exploité qui peut commencer à se faire rare, amènent d'ordinaire tôt ou tard la reprise, plus ou moins heureuse, de toutes les anciennes mines célèbres.

Plus la méthode d'exploitation est anglo-saxonne,

c'est-à-dire visé à la rémunération rapide des capitaux sans souci de l'avenir, plus ces phases sont rapidement franchies. Le désir d'un prompt amortissement et de dividendes immédiats amène à ne considérer que le minerai payant du moment, le « paying ore », et à perdre pour plus tard, irrémédiablement, des réserves de minerai plus pauvres, qui, quelques années après, auraient représenté une ressource.

Aujourd'hui, quinze ou vingt ans sont une période assez normale de vie pour un district aurifère, cinquante ans sont presque un maximum. C'est ce que nous verrons mieux en repassant rapidement l'histoire des grandes découvertes aurifères modernes.

Parmi celles qui ont marqué le milieu du XIXᵉ siècle, la première en date et aussi la plus retentissante fut celle de la Californie en 1848. Elle n'a pas contribué seulement par sa production particulière, mais aussi par la fièvre de recherches qu'elle a déterminée dans toutes les parties du monde, à amener ce premier âge d'or moderne qui a duré environ jusqu'en 1875. En février 1848, quand la Californie fut cédée par le Mexique aux États-Unis, le pays ne comptait pas plus de 10 000 habitants ; la trouvaille des premières pépites eut lieu en mars ; dès le moi de mai, tout le monde était aux placers. A la fin de l'année, il y avait déjà 6 000 chercheurs ; il y en eut 20 000 en 1849. En 1850, la Californie fut élevée au rang d'État et la fièvre de l'or sévit pendant quatre ou cinq ans avec une intensité qui est restée légendaire. Mais, dès 1853, l'épuisement normal et fatal des placers se fit sentir et l'ère des grandes exploitations hydrauliques commença.

C'est alors que les mineurs isolés, les chercheurs d'aventures, n'ayant plus de place dans un pays industrialisé, se mirent en route vers des Eldorados nouveaux et partirent dans la direction de l'Est, vers les pays inconnus, riches en espérances.

La découverte du fameux Comstock en Nevada, qui fut d'abord considéré comme un filon d'or et qui est redevenu, sur son déclin, un gîte aurifère après avoir été longtemps exploité surtout pour argent, arriva dans ces circonstances. C'est en juin 1859 que deux mineurs irlandais, destinés à mourir plus tard, l'un fou, l'autre à l'hôpital, trouvèrent ce gîte merveilleux dans le pays de Washoe. Sa grande vogue commença en 1861, avec la phase de l'industrie sérieuse et des mines profondes. On en a sorti finalement près de 2,5 milliards d'or et d'argent.

La réputation du Comstock canalisa un moment, dans ce sens, l'afflux des mineurs; mais cette sorte de marée devait bientôt le dépasser pour atteindre d'autres mines nouvelles, d'autant plus rapide, d'autant plus forte dans son impulsion que le bruit grossi de chaque fortune nouvelle multipliait le nombre des joueurs, passionnés par son attraction.

En 1864, on découvre Eureka, dans l'État de Nevada, qui, en quinze ou vingt ans, a donné plus de 300 millions d'or et d'argent (1/3 pour l'or).

De là, suivant un parallèle qui correspond au transcontinental, le flot passe alors dans l'Utah (un moment défendu par ses Mormons) et dans le Colorado, où Leadville date de 1874. En même temps, on commence à refluer vers le Nord dans la direction du Montana et du Dakota, vers le sud dans l'Arizona. La région de Butte City, dans le Montana, date de 1876; mais l'exploitation de l'or en filons n'y a guère commencé qu'en 1880.

Le flux continuant, les prospecteurs débordent ensuite, soit au nord vers le Dominion, la Colombie britannique et l'Alaska (Treadwell, en Alaska, date de 1891, le Yukon de 1896, le Cap Nome de 1899), soit au sud vers le Mexique, où l'essor de l'industrie aurifère s'est fait après 1894.

Cette dernière période coïncide, comme on le voit, avec le second âge d'or, amené surtout par la découverte du Transvaal, et auquel elle a contribué. Mais, avant d'en venir là, il faut revenir sur l'autre grand continent, l'Australie, qui, avec la Californie, a produit le courant aurifère de 1850.

En Australie, on avait trouvé un peu d'or dès 1814 et 1839; ce fut seulement à la suite de l'effervescence californienne qu'en 1851 on découvrit l'or en quantités vraiment importantes dans la Nouvelle Galles du Sud, puis à Ballarat en Victoria. Le « rush », qui se produisit alors vers ces pays, gagna les territoires du Nord à partir de 1869. Il n'a commencé à s'étendre à la Nouvelle Zélande qu'en 1861 et surtout après 1870, à l'Australie Occidentale qu'en 1893. Quant aux anciens districts, comme Ballarat et Bendigo, ils continuent encore à fournir une production notable, mais à des profondeurs de plus en plus grandes, qui dépassent maintenant 1 200 mètres et avec des minerais de plus en plus pauvres, pour lesquels on a réalisé des méthodes d'extraction très économiques.

Enfin, un autre grand pays producteur du XIXᵉ siècle, où les découvertes pour bien des raisons furent moins retentissantes, mais qui n'en a pas moins contribué, pour une forte part, à la production moderne, c'est l'Empire Russe. Là aussi, sous une forme moins éclatante, le phénomène a été le même : progrès vers l'Orient mal connu de la Sibérie et, après l'épuisement des régions les plus occidentales et les plus facilement abordables de l'Oural, de l'Ob, de l'Iénisséi, développement de la Léna, de la Transbaïkalie, de la Mandchourie et de la Corée.

Vers 1850, l'Empire Russe produisait 22 500 kilogrammes d'or par an. Après 1870, il commença à dépasser couramment 30 000; en 1888, il en a donné 35 000; en 1895, il s'est élevé jusqu'à près de 48 000, pour redescendre ensuite progressivement.

Ce sont ces trois pays principaux — l'Australie et l'Amérique du Nord, avec une production à peu près équivalente; puis, avec une production moitié moindre, la Russie — qui ont fourni la presque totalité de l'or de 1850 à 1888. Grâce à tant de découvertes simultanées, la production de ce métal commença par grandir brusquement de 1851 à 1860. C'est le moment où les économistes avaient peur qu'il n'y eût trop d'or, où les prix de la vie augmentaient en conséquence de la surproduction et où les Banques prudentes accumulaient jalousement le métal blanc de peur d'une diminution définitive dans la valeur de l'or. En effet, la production mondiale dépassa un moment 200 000 kilogrammes ou 670 millions; mais, dès 1861, ce beau feu se mit à baisser; on redescendit à 185 000 kilogrammes en 1865, à 174 000 en 1875; on était à 144 000 en 1883, quand la courbe a, par une de ces oscillations périodiques qui caractérisent tous les phénomènes de ce genre, recommencé à monter.

§ 3. — L'âge d'or actuel. — Le Transvaal, l'Australie Occidentale, le Colorado, le Mexique, l'Alaska, etc. — Répartition actuelle de la production aurifère par continents et par pays.

L'âge d'or actuel. — Nous vivons dans un âge d'or, on l'a assez dit depuis vingt ans et les statistiques sont assez nettes à cet égard pour qu'il faille bien le croire. Remarquons-le d'ailleurs aussitôt; un âge d'or, un âge de grande production aurifère n'est pas nécessairement un âge heureux; tout au contraire, il doit correspondre, si aucune autre circonstance n'intervient, à une diminution de valeur de l'or, à un renchérissement de la vie, à de la misère.

Cet âge d'or n'a pas été le simple résultat heureux du hasard, qui a fait reconnaître la présence du métal précieux dans les conglomérats aurifères du Witwatersrand et jeté de ce chef dans la circulation une quantité d'or annuelle, aujourd'hui supérieure à 600 millions. En même temps que l'on découvrait le Transvaal, on découvrait aussi d'autres beaux gisements en d'autres parties du monde et la production, qui grandissait d'un côté, s'élevait aussi de plusieurs autres. Ainsi que cela s'était produit en 1848, les rencontres heureuses ont été à peu près simultanées et ont coïncidé avec un renouveau des anciens centres épuisés…. Il y a à cela deux causes principales.

La première — en grande partie d'ordre politique — correspond à la forte poussée coloniale, à l'expansion impérialiste, qui s'est manifestée depuis 1880 et qui a abouti, notamment, avec une rapidité si prodigieuse, à la pénétration du continent noir. Ce fait, qui nous frappe moins parce que nous manquons de recul pour le juger, est aussi extraordinaire que la conquête du Mexique et du Pérou au XVIe siècle. Du moment que la civilisation abordait ces immenses régions à peu près vierges, il ne pouvait manquer de se produire quelques découvertes aurifères, dont la plus remarquable jusqu'ici a été celle du Witwatersrand, mais dont il peut se reproduire d'autres cas dans l'avenir. Ces découvertes n'ont pas été faites dans les pays d'Afrique à vieille réputation aurifère plus ou moins légendaire, connus depuis des siècles pour envoyer de l'or à la côte et vers lesquels on pouvait avoir une tendance à se précipiter. L'or africain n'est venu, ni de la Côte d'Or et de ce fameux pays de Kong, où l'on racontait que les rois nègres s'asseyaient sur un trône d'or massif; il n'est pas venu de Madagascar, qui, pendant si longtemps, avait exporté de l'or; il n'est même pas venu de ce Monomotapa, où l'on voit de tous les côtés les restes de travaux et les ruines de villes ayant eu jadis pour objet la recherche de l'or. On pouvait aisément, en y réfléchissant, le prévoir. Ces pays ne pouvaient plus produire aisément de l'or, exactement pour la même raison, très simple, très évidente, qui a fait disparaître les exploitations d'or européennes : parce que dans un gisement minéral — quoiqu'on ait une tendance à croire le contraire — ce qui est pris n'est plus à prendre et parce que les parties faciles de ces gisements étaient depuis longtemps épuisées. Il en viendra peut-être plus tard, de l'or, de ces mêmes pays superficiellement épuisés, il commence à en venir, mais par l'utilisation des minerais pauvres, autrefois inutilisables, grâce aux traitements perfectionnés et aux mines profondes. En attendant, l'or africain nous a été fourni presque uniquement par un gisement, le Witwatersrand, qui, à première vue, n'avait rien de bien attirant, qui n'était pas accompagné de grandes alluvions aurifères, où on ne voyait ni paillettes, ni pépites, ni échantillons à beaux cristaux, mais seulement un minerai sans éclat, sans or apparent, très pauvre en moyenne et d'où l'or ne pouvait être extrait que par une grande, une sérieuse industrie.

En même temps que l'Afrique nous livrait ce tas d'or colossal de 15 ou 20 milliards, une expansion parallèle en Australie amenait une autre grande découverte semblable, celle de Kalgoorlie en Australie Occidentale et, soit en Amérique du Nord, soit en Sibérie, la continuation du mouvement vers les pays inexplorés provoquait assez de trouvailles importantes pour maintenir à peu près l'extraction, ou la relever légèrement dans le premier cas, malgré l'épuisement des anciens gîtes.

Mais cet essor rapide des explorations géographiques n'est pas la seule cause de notre âge d'or actuel; il y en a une autre d'ordre technique, métallurgique, ce sont les progrès considérables de la chimie et les facilités acquises pour traiter des catégories de minerais jusque-là considérées comme réfractaires. Que l'on examine, en effet, quels sont les trois plus grands districts aurifères actuels, le Transvaal, Kalgoorlie en Australie Occidentale et Cripple Creek en Colorado, pour aucun d'eux le traitement fructueux n'eût été possible il y a trente ans. Au Witwatersrand, il fallait l'invention de la cyanuration, qui a été appliquée là pour la première fois pratiquement. Dans les deux autres cas, on avait affaire à des tellurures, forme de minerais auparavant inusitée.

En somme, quand nous parlerons de la métallurgie de l'or, nous verrons qu'elle a passé historiquement par trois phases principales. Il y a eu d'abord la phase antique, où l'on a extrait l'or libre, soit mécaniquement, soit par un procédé de fusion élémentaire. Puis est venue la période de l'amalgation dont nous voyons la fin, où l'on a extrait une grande partie de l'or au moyen de son affinité pour le mercure. Comme les grandes découvertes industrielles sont toujours un peu provoquées par le besoin que l'on en éprouve, cette méthode de l'amalgation a très vite suivi la découverte des mines du Nouveau Monde, où on a eu aussitôt l'occasion de l'appliquer. Enfin les méthodes de cyanuration avec ou sans grillage préalable, ou de grillages chlorurants, qui s'appliquent à Johannesbourg, Kalgoorlie et Cripple Creek, ne sont entrées dans la pratique courante sur une large échelle qu'avec la découverte récente de ces trois districts.

Après ces observations générales, nous allons maintenant essayer de préciser, d'après les documents statistiques, la répartition, par continents et par pays, de la production d'or actuelle, afin d'en conclure, en tenant compte du passé, la distribution de l'or, en quelque sorte géologique, entre ces mêmes régions géographiques. Nous admettrons, provisoirement et à titre approximatif, les chiffres fournis par les statistiques officielles, dont la valeur sera ultérieurement discutée [1]. En moyenne, ces chiffres, qui représentent souvent un minimum, sont suffisamment exacts pour les observations très générales dont il peut s'agir ici.

On ne doit pas, d'ailleurs, se dissimuler que, l'exploration de notre globe est encore très loin de son achèvement; dans les régions mal explorées, nous demeurons toujours exposés à quelque découverte extraordinaire, qui viendra renverser soudain la hiérarchie établie par l'histoire entre les anciens champs aurifères.

Ainsi, en 1887, on ignorait l'existence de ce tas d'or si anormal du Witwatersrand, le plus considérable que l'on ait rencontré sur un seul point dans le monde entier et qui peut représenter, dans une centaine de kilomètres carrés, au moins 15 à 20 milliards d'or à extraire (dont 4,2 déjà pris).

En 1891, on ne connaissait pas Cripple Creek au

____

1. Voir page 174.

Colorado, qui a déjà donné 800 millions et en donnera sans doute au moins encore une fois autant.

En 1895, on ne soupçonnait pas non plus le Yukon, qui a déjà produit plus de 500 millions et en produira peut-être encore 3 à 400.

Il faut donc, dans les appréciations, surtout quand elles sont relatives aux régions à peu près inexplorées, réserver une large part à l'inconnu.

Si nous examinons d'abord, dans son chiffre global, la production mondiale actuelle de l'or, on a déjà vu quel rapide essor cette extraction a pris depuis vingt ans. En 1882, le monde produisait 512 millions ; en 1894, on en a eu 928 ; 1 359 en 1901 ; 1 686 en 1903 ; 1 797 en 1904 ; 1 953 en 1905 ; 2 100 en 1906. Le tableau II [1] montre la répartition approximative dans ces dernières années [2].

Dans ce total de 2,1 milliards, j'ai déjà fait ressortir la place occupée par les trois grands pays producteurs : le Transvaal (auquel on peut associer la Rhodésia), les Etats-Unis et l'Australasie, qui, à eux seuls, fournissent plus des trois quarts de la production mondiale (1 600 millions sur 2 100). Quand, sur les graphiques, on met en évidence (voir fig. 1, p. 117) la production de ces trois pays, on les voit se suivre et se serrer de près d'année en année comme en une sorte

---

1. Page 117.
2. J'ai donné autrefois, *Statistique des gîtes métallifères*, p. 163, un tableau analogue de 1888 à 1893. Pour les descriptions de détail de tous les gisements cités plus loin, je ne puis que renvoyer à mon *Traité des gîtes métallifères* (Baudry, 1893) et à mes ouvrages sur les *Mines d'or du Transvaal*, et les *Richesses minières de l'Afrique*.

de steeple-chase à bride abattue. L'analogie de leur développement ressortirait encore plus, mais par cela même entraînerait la confusion, si on avait superposé leurs trois courbes représentatives au lieu de les isoler artificiellement, car, à partir de 1893, ils ont eu des productions très analogues, tantôt l'un, tantôt l'autre prenant la corde. Un moment, la guerre du Transvaal a arrêté celui des concurrents qui, dès lors, avait acquis la prééminence; mais un moment seulement, car, dès 1905, le Transvaal avait repris le dessus et son énorme supériorité s'est accentuée en 1906 : 619 millions contre 505 aux États-Unis et 431 en Australasie.

Cette suprématie du Transvaal est destinée à s'accroître encore. Elle est d'autant plus remarquable qu'il y a quelque inexactitude à mettre en parallèle des continents entiers, comme l'Australasie ou les États-Unis, aux districts miniers très nombreux et très divers, avec un petit pays comme le Transvaal, autrement dit avec un seul centre de production localisé comme le Witwatersrand, qui, sur une cinquantaine de kilomètres de longueur, fournit à lui seul presque tout l'or de l'Afrique Australe. Quand on tient compte de cette remarque, la richesse de ce centre d'exploitation, qui à lui seul rivalise avec tous les autres et les dépasse, paraît encore plus surprenante.

De même, la division de l'Amérique du Sud en nombreuses républiques tend à en dissimuler le rôle et fausse sa comparaison avec l'Amérique du Nord. Si l'on groupe toute l'Amérique du Sud, on trouve :

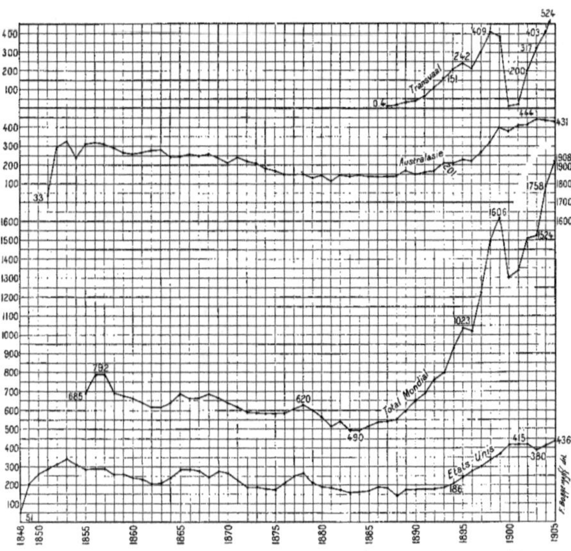

Fig. 1. — Production de l'or dans les trois principaux pays : Transvaal, États-Unis, Australie, et total mondial.

1899		1891		PAYS DE PRODUCTION
⌐rs gr.	ms fr	milliers de kilogr.	millions de francs	
.9	8	22,67	69,3,03	Transvaal.
⌐4		»	» »	Rhodesia.
⌐8		49,92	171,8,85	Etats-Unis.
⌐5	1	50,83	155,8,04	Australasie.
0		34,80	112,3,00	Russie.
⌐6	1	1,50	5,1,02	Mexique.
⌐2		1,59	4,8	Canada.
⌐8		4,60	15,8 »	Indes britanniques.
0		0,77	2,0,07	Japon.
		»	» 5,35	{Chine.)Corée.
⌐4		3,15	9,4,40	Guyanes.
		Guyane anglaise seule.		
⌐8				Côte d'Or africaine.
⌐2		»	» ,16	Brésil.
.2		»	» .»	}Hongrie.)Autriche.
⌐4		5,22	17,9,72	Colombie.
⌐3		»	» »	Madagascar.
0		»	» ,78	Amérique centrale.
⌐6		2,16	7,4,11	Chili.
⌐9		0,11	0,3,54	Pérou.
.0		1,50	5,1,86	Venezuela.
⌐6		0,18	0,5,92	Grande-Bretagne.
		»	» »	Equateur.
⌐1		0,11	0,3,26	}Suède.)Norvège.
⌐4		»	» »	Uruguay.
⌐1				République Argen-tine.
⌐5		0,12	0,4,16	
⌐4		0,10	0,3 »	Bolivie.
		»	» ,50	Italie.
		»	» »	Espagne.
5	1 5⌐	196,55	676,70,00	Total.

des co⌐

TABLEAU II. — Répartition par pays de la production aurifère de 1888 à 1906, depuis la mise en exploitation du Transvaal.

Les pays ont été classés dans l'ordre de leur production en [illegible], pour mettre celles comparées en relief [illegible]. On a commencé le tableau par l'année la plus récente, contrairement à l'ordre habituel.

PAYS DE PRODUCTION	1906 … 1888 (données annuelles)
Transvaal	[illegible]
Rhodésie	[illegible]
États-Unis	[illegible]
Australasie	[illegible]
Russie	[illegible]
Mexique	[illegible]
Canada	[illegible]
Indo-Chine [par pays?]	[illegible]
Japon	[illegible]
Chine	[illegible]
Corée	[illegible]
Guyanes	[illegible]
Côte d'Or [allemande?]	[illegible]
Brésil	[illegible]
Inde [illegible]	[illegible]
Autriche	[illegible]
Colombie	[illegible]
Madagascar	[illegible]
Amérique centrale	[illegible]
Chili	[illegible]
Pérou	[illegible]
Vénézuela	[illegible]
Guadeloupe [?]	[illegible]
Costa Rica	[illegible]
[illegible]	[illegible]
Norvège [?]	[illegible]
[illegible]	[illegible]
République Argentine	[illegible]
[illegible]	[illegible]
Suède [?]	[illegible]
Italie [?]	[illegible]
Espagne [?]	[illegible]
Total	[illegible]

1. On n'a pas tenu compte sur ce tableau [illegible] de mesure, pour laquelle les statistiques tiennent des chiffres [illegible] dans ce sens.

en 1903, 71 millions contre 382 aux États-Unis; en 1905, 58 millions contre 458.

Nous verrons bientôt ces données se préciser en parcourant, les uns après les autres, les divers continents. Mais, auparavant, mettons encore en évidence la prééminence de quelques grands centres miniers, qui viennent dans l'ordre d'importance aussitôt après le Witwatersrand.

Tandis que le Witwatersrand atteint aujourd'hui environ 620 millions, le district de Kalgoorlie, dans l'Australie Occidentale, a dépassé un moment 107 millions en 1903, pour baisser ensuite. Celui de Cripple Creek au Colorado a atteint 83,2 millions en 1904, dont 13,5 pour la seule mine de Portland.

Le Yukon a encore produit 52,5 millions en 1904, après être arrivé à 90 en 1900. Le district du Cap Nome, sur la mer de Bering, a donné, ces dernières années, environ 26 millions par an. La mine de Homestake, au Dakota, produit 26 millions par an, et Golden Reward, à côté d'elle, 6 millions; la mine de Treadwell, dans l'Alaska, 15,6 en 1904; la mine Waihi, en Nouvelle-Zélande, 15 millions en 1904; la Guyane française 12 à 15 millions; la mine El Oro, au Mexique, 12 millions; Mount Morgan, au Queensland, 10 millions; le district de Butte City, au Montana, 7 millions. La Côte d'Or africaine a enfin atteint 21 millions en 1906. Préciser davantage et comparer telle mine à telle autre serait assez illusoire dans l'ordre d'idées général et théorique qui nous intéresse seul en ce moment, puisque tel district, comme le Witwatersrand, a été morcelé en de très nombreuses concessions,

TABLEAU III. — Production annuelle de l'or en kilogrammes et en francs pour les trois principaux pays producteurs actuels depuis leur origine.

| ANNÉES | ÉTATS-UNIS | | AUSTRALASIE | | TRANSVAAL | | PRODUCTION MONDIALE | | ANNÉES |
Unités	kilogr.	francs	kilogr.	francs	kilogr.	francs	kilogr.	francs	Unités
1848	15 149	51 764 133	»	»	»	»	51 759	188 470 960	1848
1849	60 571	206 971 107	»	»	»	»	»	»	1849
1850	75 692	268 639 564	»	»	»	»	»	»	1850
1851	83 285	281 584 845	11 110	33 164 873	»	»	199 388	685 891 720	1851
1852	90 856	310 454 952	96 738	296 669 201	»	»	»	»	1852
1853	98 428	336 328 496	102 559	320 547 101	»	»	»	»	1853
1854	90 856	310 454 952	76 521	233 079 942	»	»	»	»	1854
1855	83 285	281 584 845	93 166	302 312 074	»	»	201 750	691 560 000	1855
1856	83 285	281 584 845	100 889	313 933 613	»	»	»	»	1856
1857	83 285	281 584 845	93 975	302 412 688	»	»	»	»	1857
1858	75 714	258 714 738	90 235	289 995 619	»	»	»	»	1858
1859	75 714	258 714 738	83 657	268 407 266	»	»	»	»	1859
1860	69 656	238 014 552	81 391	260 790 708	»	»	201 722	691 549 910	1860
1861	65 114	222 491 538	83 953	268 818 607	»	»	185 032	637 083 020	1861
1862	59 359	202 829 703	86 656	275 881 999	»	»	»	»	1862
1863	60 571	206 971 107	86 890	276 568 317	»	»	»	»	1863
1864	69 656	238 014 552	76 102	242 501 776	»	»	»	»	1864
1865	80 594	275 389 628	78 082	248 848 199	»	»	»	»	1865
1866	81 014	276 821 838	80 146	255 033 567	»	»	194 999	671 400 520	1866
1867	78 326	267 639 942	76 685	245 322 570	»	»	»	»	1867
1868	72 685	248 364 645	80 331	257 328 245	»	»	»	»	1868
1869	77 986	266 478 162	75 090	239 118 911	»	»	»	»	1869
1870	75 713	258 711 321	65 147	208 790 522	»	»	»	»	1870
1871	65 883	225 122 111	75 650	240 251 019	»	»	173 881	598 688 860	1871

1873	54 514	186 274 338	63 622	203 099 469	»	»	144 729	498 316 000	1873
1874	50 728	173 337 576	51 761	175 482 911	»	»	136 530	470 085 000	1874
1875	50 577	172 831 609	52 067	166 317 075	»	»	146 686	505 050 000	1875
1876	60 419	206 450 123	45 923	146 513 033	»	»	156 015	537 166 000	1876
1877	71 019	242 671 923	46 000	147 000 000	»	»	171 729	590 246 496	1877
1878	77 524	261 899 308	47 801	148 916 354	»	»	179 171	616 900 704	1878
1879	58 900	201 261 300	48 212	123 436 000	»	»	163 654	563 474 184	1879
1880	54 168	186 200 000	43 282	141 000 000	»	»	160 130	551 342 621	1880
1881	52 212	179 746 000	39 085	117 297 000	»	»	154 994	533 659 658	1881
1882	48 902	168 350 000	43 753	141 211 000	»	»	153 450	528 342 388	1882
1883	45 140	155 400 000	44 069	139 101 000	»	»	143 511	491 130 560	1883
1884	46 200	159 560 000	46 225	145 062 000	»	»	153 048	516 959 328	1884
1885	47 705	164 729 000	41 573	139 468 000	»	»	163 137	561 696 408	1885
1886	52 663	180 250 000	42 914	135 637 000	»	»	159 720	519 929 002	1886
1887	49 170	170 940 000	44 433	138 000 000	1 350	380 000	159 134	547 913 982	1887
1888	49 917	138 039 000	41 560	138 039 000	7 170	21 030 000	172 007	570 819 942	1888
1889	49 353	168 920 000	53 755	161 055 000	11 784	34 112 000	185 785	639 674 056	1889
1890	49 411	170 137 000	48 871	149 292 000	15 392	13 098 000	178 803	615 636 106	1890
1891	49 917	171 817 000	50 835	155 892 000	22 673	69 356 000	196 558	676 767 000	1891
1892	49 654	170 940 000	55 436	169 546 000	39 443	114 623 000	220 632	759 654 770	1892
1893	54 085	186 221 000	58 360	201 010 000	44 096	151 804 000	236 965	815 823 064	1893
1894	59 134	204 716 000	59 951	206 498 000	60 710	209 112 000	272 572	928 489 608	1894
1895	70 132	211 565 000	64 545	222 322 000	70 521	242 905 000	299 032	1 029 595 418	1895
1896	79 880	275 142 000	64 928	223 641 000	62 907	215 988 000	304 280	1 017 663 288	1896
1897	86 300	297 255 000	78 215	269 406 000	85 328	293 907 000	355 164	1 222 861 766	1897
1898	96 995	334 093 000	93 002	320 340 000	118 971	409 789 000	431 600	1 486 036 846	1898
1899	106 911	368 249 000	113 883	392 263 000	111 490	388 321 000	461 455	1 588 830 838	1899
1900	119 537	411 049 000	108 776	374 672 000	2 978	10 258 000	383 001	1 318 705 231	1900
1901	120 691	415 690 000	115 948	402 076 000	7 433	25 647 000	394 910	1 359 713 222	1901
1902	120 357	411 563 000	121 472	418 403 000	58 053	199 940 000	446 146	1 536 142 784	1902
1903	110 727	379 804 000	131 240	460 310 000	92 164	316 122 000	489 743	1 686 230 896	1903
1904	121 400	416 550 000	131 280	450 160 000	117 500	403 100 000	525 255	1 797 912 214	1904
1905	132 500	453 810 000	129 300	443 600 000	152 300	523 300 000	573 597	1 953 559 818	1905
1906	153 100	505 200 000	126 600	430 800 000	187 500	619 000 000	608 789	2 100 000 000	1906
Total	4 327 316	14 790 142 674	4 121 565	13 399 202 178	1 269 853	4 291 792 000	13 164 341	45 806 695 494	Total

N. B. — De 1850 à 1872, la production mondiale a été évaluée par période de cinq ans d'après les estimations du docteur Adolph Soetbeer. Depuis 1873, les estimations sont celles du Directeur du Bureau de la monnaie du ministère du Trésor à Washington.

jouant le rôle d'autant d'unités particulières, tandis qu'ailleurs toute l'exploitation d'un district est beaucoup plus judicieusement restée concentrée en une seule main.

Répartition actuelle de la production
par continents et par pays.

1. **Afrique.** — En Afrique, le principal centre de production aurifère, qui est aussi le premier du monde, est celui du *Witwatersrand* (ou Rand), près de Johannesburg, découvert seulement en 1887. Le développement naturel de l'industrie en ce point s'est trouvé faussé, pendant plus de cinq ans, par une guerre néfaste de deux ans et demi. D'août 1899 à mai 1905, on n'a fait que réparer les dommages causés par l'annexion anglaise et revenir au même chiffre de production globale. C'est comme si le district était plus jeune de cinq ans. Malgré cela, il existe aujourd'hui, en ce point, une industrie qui, avec plus de 9 000 pilons et 143 000 hommes (80 000 noirs, 46 000 Chinois, 17 000 blancs), a broyé en 1905 environ 10 millions de tonnes de minerai pour produire 520 millions d'or et, en 1906, a atteint 614,5. Les autres districts annexes du Transvaal portent le total à 619 et la Rhodésia à 672. Avec les progrès techniques chaque jour réalisés et la mise en valeur prévue de toutes les mines déjà reconnues, le jour où la main-d'œuvre ne fera plus défaut, on est en droit d'atten-

dre, bientôt, une production annuelle de 800 millions [1].

A côté de ces chiffres, tous les autres districts aurifères de l'Afrique font mince figure. Quelques-uns ont cependant joué un rôle important dans l'histoire. Sans parler des mines égyptiennes, qui ont dû fournir une grande partie de l'or utilisé par l'Antiquité [2], il est certain que la *Côte d'Or* ouest-africaine a exporté, depuis plusieurs siècles, des quantités d'or alluvionnaire impossibles à évaluer, mais qui, vraisemblablement, doivent dépasser 2 milliards.

Les nombreuses tentatives faites depuis dix ans pour mettre en valeur les gisements primitifs, source originelle de ces placers ouest-africains, ont fourni une preuve nouvelle, après beaucoup d'autres, de l'illusion que l'on subit quand on s'imagine, avec des procédés industriels perfectionnés, devoir nécessairement obtenir des résultats brillants sur des gisements d'or exploités depuis des siècles par les indigènes. Après beaucoup de tapage et beaucoup de débâcles, l'Ouest-Africain est arrivé cependant à produire 21 millions en 1906.

---

1. Au cours de 1906, la capacité de broyage a été augmentée de 1 345 pilons. Le nombre des ouvriers au Transvaal (mines d'or et mines de charbon) s'est accru de 5 000 Cafres et 5 900 Chinois, en diminuant de 600 blancs, et a été finalement (décembre 1906) de 117 000 noirs, dont 82 000 aux mines d'or, 53 000 Chinois et 19 000 blancs. L'extraction a augmenté de 320 000 tonnes. 414 perforatrices nouvelles ont fonctionné. Dans un délai assez court, on doit encore mettre en marche 3 000 pilons de plus. Il faut joindre à cela que les derniers sondages profonds ont démontré la continuation de la teneur en profondeur et même, localement, son enrichissement.

2. Voir plus haut, p. 94.

Un autre centre aurifère d'Afrique, au sujet duquel l'imagination s'est également donné libre carrière, est notre colonie de *Madagascar*, qui semble enfin sortir des difficultés causées par les trop grands enthousiasmes du début. La production, qui était de 3,58 millions en 1900, a été de 5,85 en 1903, 6,4 en 1905.

Enfin, dans les prévisions d'avenir, il faut, sans doute, faire entrer les vastes régions de l'Afrique centrale, aux très nombreux minerais de fer et de cuivre produits par des oxydations de pyrite, dans lesquels il serait bien étonnant qu'on ne découvrît pas un jour ou l'autre quelques belles parties aurifères.

2. Amérique. — La région ouest de l'Amérique offre, d'une extrémité à l'autre, du détroit de Bering à la Terre de Feu, dans la zone de plissements et d'éruptions récentes qui contourne l'océan Pacifique, la traînée la plus remarquablement métallisée et surtout la plus métallisée en métaux précieux qu'il y ait au monde. L'importance relative des deux continents nord et sud n'a pas toujours été la même. Après être demeurée pendant trois siècles la source de l'or comme de l'argent, d'abord avec le Pérou, le Chili, les Guyanes, puis avec le Brésil au xviiie siècle, l'Amérique du Sud n'a plus eu, au cours du xixe siècle, qu'une importance très restreinte, tandis que les États-Unis, puis le Canada, prenaient un essor bien connu. Mais l'équilibre est peut-être destiné à se rétablir, et peut-être même la bascule à se renverser un jour, quand les républiques de l'Amérique du Sud auront, sous la pression des Américains du Nord, pris le développement général, dont le Mexique leur a donné l'exemple. L'Amérique du Sud en est restée, comme l'avait fait longtemps le Mexique, à cette phase critique des mines argentifères et aurifères, où, après avoir traité facilement les minerais riches de la surface, il faut commencer à élaborer, avec plus de peine, les minerais pauvres de la profondeur. Quand on sera entré résolument dans cette période nouvelle, il est permis d'espérer, pour les mines sud-américaines, un beau relèvement.

Si nous parcourons rapidement du nord au sud, dans sa région Ouest, la longueur du continent américain (fig. 2, p. 125), nous trouvons d'abord, à l'extrême nord, sur la mer de Bering, le *Cap Nome*, gisement alluvionnaire très fameux en ce moment, parce que sa découverte date seulement de la fin de 1898, mais dont, par une remarque que nous aurons à renouveler pour tous les gîtes d'alluvions, l'existence industrielle ne pourra manquer d'être très brève. Au Cap Nome, les alluvions littorales ont été enlevées en trois ans, et l'on travaille aujourd'hui dans les alluvions gelées des placers intérieurs, qui donnent environ 26 millions par an.

Le district minier important le plus voisin du Cap Nome en est à quelque onze cents kilomètres, déjà dans le Dominion, quoique à la frontière de l'Alaska, près de Dawson City, dans le *Yukon* [Klondyke] (voir fig. 2).

La richesse des placers du Yukon, qui a paru un moment fabuleuse, n'a eu, comme il était aisé de le prévoir, que la durée d'un feu de paille. Découvert en 1896, ce gîte tend déjà très vite à son épuisement, au moins en ce qui concerne les alluvions, qui ont seules fourni des résultats jusqu'ici. Après être monté à 90 millions en 1900, on est tombé à 59 en 1903; 52,5 en 1904. C'est pourtant 500 à 550 millions qui sont sortis de là au total, dont 300 des seules criques Bonanza et Eldorado, aujourd'hui épuisées; mais ce chiffre, si élevé qu'il semble, représente seulement l'extraction d'une année au Witwatersrand et l'on fait peut-être la mesure large au Yukon en évaluant à un milliard la quantité d'or utilisable qui pourra en être extraite dans un temps restreint, malgré les exploitations en grand sur le point d'être organisées et la phase nouvelle dans laquelle on va entrer.

Il faut encore sauter 700 kilomètres pour trouver, sur la côte de l'Alaska, dans l'île de Douglas, le gîte fameux de *Treadwell*, découvert en 1881, où une exploitation intensive travaille, à raison de 540 pilons, sur des masses considérables de minerais particulièment pauvres, les plus pauvres peut-être du monde entier pour cette catégorie (9 fr. 50 à 11 fr. 50 par tonne), dont on broie 5 à 600000 tonnes par an, avec un rendement qui a été de 15,6 millions en 1904.

La région prospère de la *Colombie britannique* est à 1400 kilomètres au sud, vers la frontière des États-Unis, dans les deux centres de Boundary et Rossland. Sa production, de date très récente, est montée, en 1904, à 32,5 millions.

Ces districts ouest du Yukon et de la Colombie Britannique ne sont pas au Canada les seules zones

Fig. 2. — Carte des districts aurifères du Far West américain.

aurifères; il faudrait encore citer, tout à fait à l'autre extrémité est du pays, la *Nouvelle-Écosse*, découverte en 1891, qui, en 1892, produisait 715 kilogr. Mais revenons dans l'ouest.

Encore un millier de kilomètres et nous atteignons la région de la *Californie* : assurément l'une de celles au monde où la richesse aurifère s'est trouvée, non pas seulement la plus considérable, mais aussi la plus étendue. Le fameux Mother-lode, à l'est de San Francisco, a 120 kilomètres de longueur, et d'autres filons parallèles le prolongent vers le nord. Découverte en 1848, la Californie a encore donné près de 100 millions d'or en 1905. Il peut en être sorti, en un demi-siècle, à peu près 7 milliards.

Cependant la décroissance a été très nette depuis le grand essor de 1853 jusqu'en 1891 : en 1848, 42 millions; en 1853, 336 millions; en 1860, 233; en 1868, 114; en 1880, 91,1; en 1891, 63,2; en 1905, 98,9. En 1860, la Californie donnant 233 millions, tous les autres États des États-Unis n'en fournissaient que 5. En 1868, la même proportion a été de 114 à 134; en 1878, de 79,34 à 165,71; en 1905, de 98,90 à 355. Dès 1860, toutes les alluvions récentes ont été épuisées; puis les placers anciens l'ont été aussi en grande partie. Depuis ce moment, l'exploitation de plus en plus active des filons a amené un relèvement progressif : 87,3 en 1902; 98,90 en 1905. Aujourd'hui, on travaille jusqu'à 650 mètres de profondeur.

Dans la production des États-Unis, la *Californie*, qui a fourni jusqu'ici le total de beaucoup le plus considérable et l'exploitation la plus continue, garde,

TABLEAU IV. — **Répartition de la production aurifère aux États-Unis** (*en millions de francs*).

(Les États ont été rangés dans l'ordre de leur importance actuelle.)

PAYS PRODUCTEURS	1878	1890	1900	1901	1902	1903	1905	
	millions	millions	millions	millions	millions	millions	millions	kilogr.
Colorado	17,13	21,58	149,85	143,98	147,78	117,20	131,98	38,484
Californie	79,31	65,00	82,26	87,82	87,30	83,72	98,90	29,020
Alaska	»	3,96	42,48	35,77	43,26	44,77	75,59	22,040
S. Dakota	15,54	16,64	32,13	33,69	32,55	35,46	35,87	10,158
Montana	11,70	17,15	24,11	21,64	22,72	22,67	26,13	7,619
Nevada	101,50	11,55	10,40	15,39	15,02	17,62	21,25	7,071
Utah	2,03	3,53	20,51	19,08	18,66	19,20	21,00	6,997
Arizona	2,59	5,18	21,78	21,21	21,37	22,36	18,06	5,265
Oregon	5,98	9,21	»	»	»	»	6,81	1,985
Idaho	5,98	9,24	8,91	9,72	7,64	8,16	6,15	1,882
Total (avec divers)	245,05	170,15	411,01	415,69	414,56	375,8	453,91	132,18

au bout de soixante ans, sinon la place prééminente, du moins un second rang honorable. C'est, jusqu'ici, avec la province de Victoria, en Australie, et le Witwatersrand, la région où l'on a vu les gisements d'or se poursuivre avec le plus de régularité aux grandes profondeurs (1 300 mètres dans le groupe de Bendigo en Australie, 1 000 mètres en Afrique du Sud).

Mais d'autres États, plus nouvellement mis en valeur, prennent un rôle de plus en plus notable dans l'extraction aurifère des États-Unis, dont la Californie ne donne que le quart.

Le tableau IV (p. 127) permet de comparer la production des dernières années avec celles de 1878 et de 1890. Il met très nettement en évidence l'essor du Colorado et de l'Alaska, la chute énorme du Nevada.

Le premier de ces États est aujourd'hui le *Colorado* (147,8 millions en 1902 ; 117,2 en 1903 ; 134,5 en 1904, 131,98 en 1905), grâce au grand centre de Cripple-Creek, découvert en 1891 et remarquablement développé depuis quelque temps, malgré une profondeur des travaux qui atteint 300 à 500 mètres. De 1891 à 1894, on a produit là environ 33 millions par an ; en 1897, 69 millions ; en 1903, 67,6 millions ; en 1904, 83,2 millions. Au total, il a pu sortir de ce district, jusqu'à la fin de 1905, environ 800 millions et les gisements sont loin d'être épuisés. L'une des principales mines est celle de Portland, qui donne à elle seule environ 13,5 millions par an.

Cripple Creek est, d'ailleurs, loin d'être le seul centre au Colorado. On exploite, depuis 1880, les filons du comté de Gilpin. Les grands gisements de plomb argentifère de Leadville fournissent, en même temps, de l'or (10 millions de 1877 à 1884, mais beaucoup plus dans la suite), etc.

Parmi les autres États productifs des États-Unis, en dehors de l'Alaska, situé dans une zone tout à fait distincte et dont il a déjà été question plus haut, il faut faire encore une large place au *Dakota*, avec ses riches mines des Black Hills, Homestake et Golden Reward.

La mine de Homestake, qui à elle seule possède 900 pilons et travaille jusqu'à 350 mètres de profondeur, traite, par an, 1 400 000 tonnes de minerais pauvres tenant en moyenne 18 fr. 72 d'or, soit un produit brut d'environ 26 millions par an. C'est, comme chiffre de minerais traité, la première du monde, et l'extraction, qui a été toujours croissant, date au moins de 1890. J'ai dit également que Golden Reward produit 6 millions.

Dans le *Montana* et l'*Utah*, une production d'or assez notable est obtenue par le raffinage des abondants minerais de cuivre de Butte City (7 millions) et de Bingham. La production aurifère du Montana a passé par une série de fluctuations : 24 millions en 1876; 13 millions en 1882; 27 millions en 1887; 17 millions en 1890; 15 en 1891; 26 en 1905. Jusqu'en 1880, on n'exploitait guère que des placers. Aujourd'hui, une forte proportion de l'or vient des minerais cuprifères de Butte (7 millions en 1904).

Enfin, si l'on veut se faire une idée juste de la répartition géologique de l'or dans un pays où la vie des mines est aussi courte qu'aux États-Unis, il ne faut pas oublier d'anciens districts, tels que ceux du *Nevada*, où on observe depuis six ans, après une période de dépression, une remarquable recrudescence.

Dans cet État, le fameux Comstock a produit, depuis 1860, environ 1 milliard de francs d'or et 1,4 milliard d'argent, avec un seul filon de 3 kilomètres de longueur. Dans des proportions beaucoup plus restreintes, Euréka a produit, de 1869 à 1883, 100 millions de francs d'or et 200 millions d'argent.

Au total, on estime que la production des États-Unis, de l'origine à 1907, a pu être d'environ 15,4 milliards.

Si nous poursuivons vers le sud, la renaissance minière du *Mexique* est assez récente et surtout le développement de la production aurifère ne date que de quelques années.

J'ai déjà rappelé plus haut le rôle joué dans le passé par ce pays, où les minerais riches argentifères étaient tellement abondants. La nouvelle phase industrielle a commencé avec le traitement des minerais pauvres, exploités aujourd'hui par grandes masses, et, en même temps, le Mexique a commencé à devenir un producteur d'or de plus en plus important.

La production d'or mexicaine a monté de 1,55 millions en 1888 à 3,2 millions en 1890; 42,9 millions en 1899; 48,7 millions en 1900; 65,4 en 1904; 74,95 en 1905; 80,2 en 1906. La plus grande mine est celle d'El Oro, exploitée depuis 1898, qui produit aujourd'hui environ 12 millions par an.

Quand on passe à l'Amérique du Sud, il faut, comme je l'ai déjà remarqué, envisager moins la production actuelle assez faible que les résultats tout autres obtenus dans le passé, auxquels viendront sans doute s'ajouter ceux de l'avenir.

La *Colombie* a produit, de 1537 à 1902, 4 550 millions, plus même que le Brésil. Les placers d'Antioquia, de Cauca (El Choco) sont célèbres et l'on connaît, aux mêmes points, des filons. Actuellement, on reste entre 10 et 11 millions par an.

Le *Venezuela* a donné, de 1866 à 1900, environ 280 millions. Il fournit 1,5 millions par an. C'est là que se trouve la mine célèbre du Callao.

Le *Pérou*, depuis 1533, a produit environ 600 millions; on est à 1,8 par an.

Le *Chili*, depuis 1543, a donné un peu plus d'un milliard. Actuellement, on reste entre 3 et 4 millions. grâce à quelques placers et à l'extraction de l'or contenu dans les mattes cuivreuses.

La *Guyane française* a produit environ 300 millions et les *Guyanes anglaise* et *hollandaise* environ 300 millions à elles deux. En 1900, la partie française comptait pour 7,1 millions contre 10,98 millions pour la partie anglaise. En 1904, le rapport a été renversé : on a, d'après des statistiques officielles, assurément beaucoup trop faibles, dépassé 9,8 millions dans la Guyane française, et la Guyane anglaise est retombée à 7 millions. En 1905, la partie française a donné 9,3 contre 8,8 pour la partie anglaise. Presque tout l'or vient ici des alluvions.

Au *Brésil*, l'exploitation, commencée en 1693,

touche à 4 milliards. Très élevée au XVIIIe siècle, la
production était beaucoup tombée; elle remonte
actuellement à environ 13 millions.

Parmi les plus beaux gisements, on peut citer ceux
de Passagem, Carrapatos, Maquiné, Faria, San Juan
del Rey (Morrovelho), etc.

Une addition très sommaire montre que l'Amérique
du Sud a dû produire, depuis l'origine, plus de
11 milliards.

3. Australasie. — Le chiffre auquel on arrive pour
l'*Australasie*, depuis la découverte de ses gisements
en 1851 jusqu'en 1907, est d'à peu près 14,5 milliards, et, comme nous avons trouvé 15,4 milliards
pour les États-Unis, dont le dépilage industriel est
certainement plus avancé, 11 milliards pour l'Amérique du Sud, on voit que, contrairement aux appa-
rences premières, l'or ne paraît pas avoir été trop
inégalement réparti entre l'Amérique du Nord, l'Amérique du Sud et l'Australasie.

Dans cette production de l'Australasie, les gros
chiffres ont été fournis par les vieux districts de Victoria; mais ceux-ci ont déjà un demi-siècle d'existence
(depuis 1856), ce qui est beaucoup pour des mines
anglo-saxonnes, et arrivent difficilement à soutenir
leur chiffre d'extraction. La forte production de l'Australie n'a été à peu près maintenue, dans ces derniers
temps, que grâce aux nouveaux districts de l'Australie occidentale, découverts en 1893, et spécialement à celui de Kalgoorlie. Le fléchissement actuel
de cette région depuis 1903 se fait aussitôt sentir

TABLEAU V. — **Production aurifère de l'Australasie de 1891 à 1905.**

(Les provinces ont été classées dans l'ordre de leur production actuelle).

Les totaux, empruntés aux statistiques locales, présentent quelques légères divergences avec ceux du tableau III, p. 118, obtenus en convertissant les données des statistiques américaines.

AUSTRALASIE	1891	1900	1901	1902	1903	1905	
	kilogr.	kilogr.	kilogr.	kilogr.	kilogr.	kilogr.	millions fr.
Australie de l'Ouest (Kalgoorlie. etc.)...	912	43 990	52 982	58 196	61 222	60 810	208,5
Victoria (Bendigo, Ballarat, etc.)..........	17 926	23 365	22 719	22 421	23 867	23 236	79,7
Queensland (Mount Morgan, etc.)......	17 875	21 028	18 612	19 922	20 794	18 130	63,2
Nouvelle-Zélande (Waihi. etc.).......	7 837	10 511	12 842	11 289	14 922	15 330	52,5
Nouvelle-Galles du Sud..............	4 767	8 717	6 716	5 015	7 905	8 529	29,2
Tasmanie............	1 516	2 315	2 161	2 208	1 863	2 111	7,2
Australie du Sud.....	892	603	683	697	659	901	3,0
Total.........	51 755 = 159 000 000 fr.	110 589 = 380 917 666 fr.	116 981 = 402 914 000 fr.	122 718 = 422 795 000 fr.	134 232 = 462 355 000 fr.	129 351 = 433 609 219 fr.	

pour l'ensemble dans le tableau V (p. 133), où j'ai reproduit, à titre de comparaison, la production déjà ancienne de 1891.

L'Australie occidentale a produit, en chiffres ronds, 20 millions en 1894 ; 22 millions en 1895 ; 27 millions en 1896 ; 65 millions en 1897 ; 101 millions en 1898 ; 157 millions en 1899 ; 151 millions en 1900 ; 182 millions en 1901 ; 200 millions en 1902 ; 226 millions en 1903 ; 212 millions en 1904 ; 208 en 1905 : au total 1 760 millions jusqu'en 1907.

Dans cette province, on avait d'abord trouvé, autour de Coolgardie, des filons à or visible d'apparence très riche, qui ont singulièrement déçu les espérances. Les résultats pratiques ont été obtenus par le grand district de Kalgoorlie (Coolgardie Est), dont le développement date surtout de 1898 (25 700 kilogr. d'or en 1899 ; 25 563 kilogr. en 1900 ; 29 140 kilogr. en 1901 ; 31 335 kilogr. en 1902 ; 35 800 kilogr. en 1903), avec des minerais, qui, en 1899, tenaient moyennement 52 grammes d'or par tonne. Au total, Kalgoorlie a pu produire 900 millions.

La province de Victoria a tenu longtemps le premier rang jusqu'à la découverte de l'Australie occidentale. On montait, en 1892, à 5,5 milliards (1 786 000 kilogr.). On doit aujourd'hui atteindre 6,3 milliards. Les deux districts les plus fameux sont celui de Bendigo, où l'on a dépassé aujourd'hui 1 300 mètres de profondeur, et celui de Ballarat. Le groupe de Bendigo avait déjà produit, en 1892, 1,5 milliard (466 000 kilogr.).

En 1854, il donnait 20 578 kilogrammes d'or ; il en a donné 6 739 en 1885, 4 167 en 1892.

Dans le Queensland, l'une des principales mines est celle de Mount Morgan (Rockhampton).

La Nouvelle Zélande avait produit, jusqu'en 1892, 1 200 millions d'or (375 000 kilogr.). Les spéculations de 1895-1896 ont amené l'arrêt de beaucoup de mines ; néanmoins la production s'élève peu à peu de 10 541 kilogr. en 1900 à 15 330 en 1905. On cite la mine Waihi comme ayant produit, en 1904, environ 15 millions.

Les *Indes néerlandaises* produisent une certaine quantité d'or à Sumatra et Bornéo.

4. Eur-Asie. — Si nous passons maintenant au vieux continent d'*Asie*, dont l'*Europe* n'est géographiquement qu'une annexe, il y a eu là certainement, à des époques anciennes, des richesses aurifères importantes, dont nous avons déjà dit un mot dans le paragraphe historique. L'Altaï, par exemple, a pu être considéré comme la plus ancienne source de production aurifère dans le monde. Le Caucase, l'Inde et l'Arabie ont également dû jouer un grand rôle. Mais les placers de l'Asie centrale, du Pactole, du mont Pangée, de l'Inde, de la Lombardie, de la Gaule sont, depuis des siècles, épuisés, et les gisements pauvres dont ils provenaient n'ont, en général, pu donner lieu jusqu'ici à aucune exploitation moderne de quelque intérêt. La production aurifère du vieux monde est donc, en dehors du seul district de Mysore, dans l'Inde, et du Japon, sur lequel je vais revenir, presque exclusivement fournie par les régions de l'Asie septentrionale, où l'homme civilisé n'avait pas anciennement pénétré : c'est-à-dire, dans l'ordre de découverte géographique, par l'Oural, après 1814, puis, après 1829, par la Sibérie occidentale et, plus récemment, par la Sibérie orientale, la Transbaïkalie, la province de l'Amour, la Corée, qui, dans ces dernières années, ont remédié à l'épuisement progressif, d'abord de l'Oural et de l'Altaï, puis de l'Iénisséi et même de la Léna. Pour l'avenir, il est peut-être permis de compter sur les pays dont, soit une civilisation vieillie trop différente de la nôtre, comme en Chine, soit une irrémédiable barbarie, comme en Turquie, ont empêché l'essor récent.

On estime qu'au total l'Oural a produit, depuis 1814, environ 1,4 milliard (450 000 kilogr.) et la Sibérie, de 1829 à 1905, 5,27 milliards (1 700 000 kilogr.).

Si nous prenons une production un peu ancienne comme celle de 1876, nous voyons que, cette année-là, l'Oural avait produit un peu plus de 8 000 kilogr. Sur 29 000 kilogr. d'or extraits en Sibérie, il en venait 10 300 de la province d'Iakoutsk (Olekminsk), 6 300 de le province d'Irkoutsk (alluvions de la Léna supérieure, de la Sélenga, de l'Iénisséi, de l'Udérey), 3 830 de la Transbaïkalie, 2 800 de la province de l'Amour.

En 1894, sur 44 000 kilogr. d'or produits dans l'Empire Russe, il en est venu 25 000 de la Sibérie orientale et seulement 7 000 de toute la Sibérie occidentale, 10 600 de l'Oural. Dans la Sibérie orientale, 47 p. 100 ont été fournis par la Léna, 40 p. 100 par

la province Amourienne, 10,7 p. 100 par la Transbaïkalie et 2,3 par la province Maritime.

En *Corée*, il faut citer surtout les mines Oriental
Consol, du district de Wunsan, momentanément
arrêtées par la guerre russo-japonaise, mais où la
production est déjà remontée à 11,25 millions
en 1905.

Le *Japon*, qui continue, sur le bord ouest du
Pacifique, la traînée éruptive des États-Unis et du
Mexique, fournit également un appoint assez sensible et rapidement croissant, qui a atteint 10 millions
en 1905.

Aux *Indes britanniques*, la production, continuelle-
ment accrue, atteint aujourd'hui plus de 60 millions
par an : les deux tiers de l'or obtenu venant des deux
mines de Champion reef et de Mysore.

Enfin la *Hongrie* (Zalathna, Nagybanya, Schemnitz, etc.) reste en Europe le seul centre de production sérieux [1] : la plupart des autres mines d'or, qui
existaient encore il y a quelques années, par exemple
dans les Alpes, étant aujourd'hui arrêtées.

---

1. Les statistiques française et américaine mentionnent chaque
année, pour la Hongrie, une production d'environ 3 000 kilogr.
Ces chiffres, qui ont été signalés par M. de Foville comme tout
à fait erronés (la production réelle étant suivant lui à peine
d'une dizaine de kilogr.), ont été encore reproduits, cette année
même, sur la communication officielle du ministère des Finances
hongrois au ministère des Travaux publics français. Ils n'ont
d'ailleurs rien d'invraisemblable avec l'importance connue des
mines et j'ai cru pouvoir les adopter. En Allemagne, au contraire, les statistiques ont longtemps mentionné 2 ou 3 000 kilogr.
d'or par an, supposés provenir de minerais indigènes, qui viennent en réalité de minerais importés et doivent être réduits à
une centaine.

Si nous essayons, pour l'Asie et l'Europe, un calcul de totalisation analogue à celui qui a été donné pour les autres continents, on voit que nous atteignons probablement aussi 11 à 12 milliards.

La *France* elle-même ne produit pour ainsi dire plus d'or : 300 000 francs en 1905 à la mine de la Lucette (Mayenne) et quelques terres aurifères dans l'Aude ; de temps à autre un peu d'or dans la Creuse, le Cantal ou l'Isère. Mais la part de ses colonies peut aller de 10 à 20 millions : en 1900, 6 millions à la Guyane et 3,48 à Madagascar ; en 1905 : 9,34 millions dans la Guyane et 6,40 à Madagascar, plus un peu d'or dans l'Annam, à Bong-Miu (130 000 fr.), et 60 000 francs en Indo-Chine.

§ 4. — Origine du stock d'or mondial.

En résumé, on estime qu'il a été produit, de l'année 1500 à 1848, par l'Amérique du Sud, l'Afrique, le Brésil, la Russie et la Hongrie, environ 15,9 milliards. De 1848 à 1889, après la découverte de la Californie et de l'Australie, on a extrait, en outre, 24,6 milliards, et, de 1890 à 1907, après la découverte du Transvaal, environ 22 milliards, soit un total de 62,5 milliards d'or, ou, approximativement, 18 200 tonnes.

Le tableau suivant, qui résume cette étude statistique sur la répartition géographique de l'or dans le monde en tenant compte le mieux possible de la production antérieure au xixe siècle, donne, en chiffres ronds, la part prise, jusqu'au 1er janvier 1907, par les principaux pays producteurs dans ce total :

États-Unis	14,83
(Californie, 7 milliards; Cripple Creek, 0,8.)	
Australasie	13,56
(Victoria, 6,5 milliards; Australie occidentale, 1,4.)	
Russie (Sibérie et Oural)	6,50
Colombie	4,60
Afrique du Sud	4,20
Brésil	3,90
Ouest de l'Afrique	2,00
Mexique	1,55
Canada	1,37
Chili	1,00
Chine et Corée (?)	1.00
Autriche-Hongrie (?)	1,00
Pérou	0,62
Indes anglaises	0,35
Guyane française	0.31
Vénézuela	0,29
Guyanes anglaise et hollandaise	0.24
Total	56,32

La différence entre les deux chiffres, auxquels nous arrivons ainsi, tient, soit aux pays non mentionnés dans le tableau précédent, comme l'Amérique centrale, etc., soit aux approximations assez vagues de certaines statistiques[1].

1. Voir plus loin page 174.

CHAPITRE III

L'EXTRACTION MINIÈRE
ET MÉTALLURGIQUE DE L'OR

§ 1. — Exploitation des alluvions aurifères. — Sluices. — Dragage. — Méthode hydraulique. — Cas des alluvions gelées.
§ 2. — Exploitation des filons. — Plans d'essais. .
§ 3. — Désagrégation et broyage des minerais. — Concasseurs. — Batteries de pilons. — Tube-Mills. — Classification et préparation mécanique.
§ 4. — Métallurgie de l'or. — Amalgamation. — Chloruration. — Cyanuration.

L'or ayant été rencontré dans la terre sous une des formes quelconques que nous venons de passer en revue, il s'agit de l'en retirer. Cette industrie comporte, comme pour un métal quelconque, trois parties tout à fait distinctes : 1° un travail de mine ou de carrière, une série d'opérations mécaniques, dans lesquelles on sort du sol et l'on trie les minerais; 2° un broyage plus ou moins fin; 3° une élaboration métallurgique (c'est-à-dire, en principe, une dissolution ou une fusion), destinée à extraire l'or de ces minerais. Mais l'or, par suite de la forme native sous laquelle il se présente fréquemment dans ses gisements naturels, offre cette particularité que l'opération mécanique d'extraction suffit souvent à elle seule, ou demande tout au plus à être complétée par une métallurgie très élémentaire, consistant dans une amalgamation et un raffinage.

Cela était surtout vrai autrefois, alors qu'on s'attaquait aux placers ou aux formes altérées et superficielles des gisements, dans lesquelles domine l'or natif. Alors une exploitation aurifère se présentait sous l'une des formes simples que le public imagine volontiers : lavage de sables à la sébile, à la batée et au *pan*[1]; mise en mouvement du gravier aurifère dans un ruisseau où on le recueille sur quelque substance rugueuse, comme la fameuse toison d'or; en plus grand, démolition des hautes terrasses par les puissants jets d'eau, les « géants » californiens, et récolte de l'or dans une de ces conduites en bois inclinées avec obstacles que l'on appelle des *sluices*[2] (ou écluses), etc.

Plus on va, plus le rôle de la métallurgie s'accentue et se développe, au contraire, dans la question de l'or : le premier travail d'extraction des minerais pre-

----

1. *Pan*, sorte de cuvette ronde en fer, employée par les Américains pour concentrer l'or dans le sable par un mouvement oscillatoire. La *batée* sibérienne est analogue, mais de forme allongée. La *poruña* est un lambeau de corne de bœuf utilisé de même dans l'Amérique du Sud.

2. On trouvera, dans ce chapitre et dans le suivant, un certain nombre d'expressions anglaises, pan, sluice, mill, etc. C'est presque une nécessité quand on parle mines d'or, la langue des mineurs d'or étant remplie de semblables expressions, passées dans l'usage international et sans aucun équivalent français.

nant de plus en plus, à mesure que l'exploitation des filons devient prédominante, le caractère d'un travail minier quelconque. Dans un avenir assez proche de nous, il est bien certain que, ces gisements superficiels étant épuisés, l'exploitation des minerais d'or perdra ce qu'elle peut encore présenter de particulier pour devenir un banal travail de mine ; le traitement métallurgique seul restera spécial. Comme il ne s'agit naturellement pas ici d'expliquer l'exploitation des mines qui travaillent l'or en filons par des procédés identiques à ceux que l'on emploie dans le travail d'un minerai quelconque, c'est surtout de ces particularités, relatives à l'extraction minière de l'or alluvionnaire, que je vais parler dans le § 1 ; après quoi, je me contenterai d'indiquer sommairement (§ 2) les traits caractéristiques de certaines exploitations minières proprement dites, particulièrement célèbres, comme celle du Transvaal. Dans les paragraphes suivants, 3 et 4, nous nous occuperons du broyage et du traitement métallurgique moderne.

Pour toutes ces questions techniques, qui ont déjà donné lieu à maints gros volumes et traités de métallurgie dans toutes les langues[1], nous serons naturellement très brefs et, après un rappel sommaire des méthodes classiques, depuis longtemps connues, nous insisterons plutôt sur les perfectionnements nouveaux.

---

1. En français on peut consulter notamment : DANIEL LEVAT, *L'industrie aurifère* (Paris, Dunod, 1905).

§ 1. — **Exploitation des alluvions aurifères.** — **Sluices.**
Dragage. — **Méthode hydraulique.** — **Cas des alluvions
gelées.**

Les alluvions aurifères, qui peuvent être géologiquement plus ou moins anciennes, sont, tantôt directement exposées au jour ou faciles à mettre à nu par
l'enlèvement de couches stériles peu épaisses, tantôt
enfoncées profondément sous la plaine ou dans l'intérieur des coteaux, ou même recouvertes par des coulées de roches éruptives.

Dans le premier cas, qui s'est présenté d'abord
pour toutes les alluvions modernes, par lesquelles a
commencé la découverte des champs aurifères,
l'exploitation est extrêmement simple. On abat et on
retire les sables ou graviers aurifères; on les désa-
grège au besoin; puis, avec des engins plus ou
moins perfectionnés, on opère le triage entre l'or
plus dense et les sables ou argiles plus légers qui
l'accompagnent, en mettant le tout en suspension
dans l'eau et imprimant des secousses avec des
mouvements d'oscillation giratoire, ou déterminant
un courant. C'est, en petit, le lavage à la *batée*, au
pan, à la *poruña* des prospecteurs; c'est le traitement
un peu moins sommaire, mais analogue, dans son
principe, au *craddle*, au *long tom* [1]; c'est, dans les ins-

1. *Craddle, rocker* ou *berceau* : caisson rectangulaire en bois,
avec tamis, auquel on imprime un mouvement de va-et-vien
grâce à deux cuves placées en-dessous. — *Long tom*, boîte d'environ 4 mètres de long sur 0,20 de large où l'on jette les alluvions

tallations plus perfectionnées, le *sluice* (ou la conduite de bois avec des obstacles pour retenir l'or), et c'était déjà, dans l'antiquité, la toison d'or des Argonautes.

Le *sluice*, qui joue un grand rôle dans les méthodes hydrauliques, est, en principe, un canal rectangulaire en bois incliné, suffisamment long pour que l'or, entraîné avec le sable dans un courant d'eau, ait le temps d'y tomber au fond par sa densité et où des obstacles multipliés sur ce fond, des tasseaux de bois transversaux ou riffles, retiennent cet or à mesure qu'il tombe.

Souvent on profite, en même temps, de la facilité avec laquelle le mercure s'empare de l'or pour fixer ainsi et retenir les particules du métal très ténues, qui auraient pu se perdre (long tom à plaques amalgamées, sluices, etc.). Rarement, dans les contrées désertiques, on fait un vannage à sec en opérant le classement désiré par l'action du vent.

Le travail d'extraction et d'abatage des minerais aurifères ne présente, dans le cas élémentaire où je me suis placé tout d'abord, rien de particulier. Il devient un peu plus compliqué et nécessite des installations plus spéciales quand les alluvions aurifères à extraire se trouvent : soit sous le lit d'une rivière actuelle (cas où l'on a pu employer des dragues); soit dans un flanc de coteau susceptible d'être démoli entièrement par la méthode hydraulique; soit enfin à

à la tête dans un courant d'eau en les débourbant avec des crochets et où l'on retient l'or par des obstacles transversaux (*riffles*) ou sur les poils d'une peau de mouton. Ces deux instruments sont très employés par les Chinois.

une profondeur telle qu'il faut travailler par puits et galeries, en suivant souterrainement les anciens chenaux des rivières aurifères, parfois avec des procédés un peu spéciaux pour les régions glacées comme la Sibérie et le Klondyke. Nous allons examiner successivement ces trois cas.

Le système des *dragues* et des *excavateurs*, c'est-à-dire des instruments d'extraction mécanique, qui s'introduit de plus en plus dans les travaux publics (ports, canaux, etc.), était assez naturellement indiqué pour les alluvions aurifères, où l'on a des cubes énormes de déblais à remuer, à désagréger et à laver. Il y présente cependant quelques difficultés spéciales par suite de la nature peu homogène des terrains à excaver, en raison aussi des conditions industrielles défavorables dans lesquelles se présentent la plupart de ces exploitations d'or alluvionnaire en des pays neufs où le moindre accroc devient difficile à réparer, enfin par la nécessité où l'on est de passer régulièrement aux dragues d'énormes cubes journaliers et, par conséquent, d'avoir un très vaste champ assuré si l'on veut travailler fructueusement.

Les premiers résultats favorables dans l'emploi des dragues ont été obtenus en Nouvelle-Zélande et en Australie après 1889. Depuis ce moment, le procédé s'est généralisé et s'emploie maintenant, parfois, même dans des placers arrosés par un simple ruisseau. M. Levat l'a introduit en Guyane et en Sibérie; il a été également appliqué en Californie, en Colombie britannique, dans l'Alaska, etc.

Au début et jusqu'à ces derniers temps, presque

toutes les dragues étaient à vapeur : on a commencé récemment à utiliser aussi des dragues électriques. D'ordinaire, l'extraction de l'alluvion se fait par chaîne à godets. Puis ces alluvions passent, sur la drague même, dans un trommel débourbeur destiné à opérer le classement des matières, qui vont ensuite à un sluice de 8 à 10 mètres de longueur ; après quoi, les résidus sont évacués par un élévateur placé en queue.

Les excavateurs commencent également à entrer dans la pratique, notamment au Klondyke.

La *méthode hydraulique*, employée pour la première fois en 1852 en Californie, consiste, comme on le sait, à démolir des collines entières, ayant jusqu'à 100 mètres de hauteur, au moyen d'une sorte de lance d'arrosage, « le géant » ou « monitor », où l'eau est amenée sous forte pression. On projette ce courant d'eau étonnamment puissant sur la coupure verticale de la montagne, qu'il a commencé par ouvrir lui-même et qui recule peu à peu devant lui. L'eau, qui arrive souvent avec une vitesse de 50 mètres par seconde et dont le débit peut atteindre 150 000 mètres cubes par 24 heures, parvient à couper les roches les plus dures. Il en résulte un torrent de boue, qui entraîne les graviers, s'écoule par un tunnel partant du fond des terrains aurifères et y subit un classement où l'on recueille l'or.

Naturellement, la méthode n'est applicable que si l'on a de la pente et si la disposition du terrain fournit un écoulement naturel au torrent de boue (ce qui est rare) ou si, par le moyen d'un tunnel artificiel souvent très long, elle permet de le créer. Les difficultés du système consistent : d'abord dans le prix de l'installation (barrage de vallée pour l'établissement de réservoirs, conduite de dérivation ou *flume*, tunnel pour l'écoulement des eaux jusqu'à une vallée inférieure, etc.), et surtout dans l'évacuation des énormes quantités de déblais qui en résultent.

Cette question des déblais a fait interdire presque complètement la méthode en Californie, en raison des dévastations causées dans de grandes régions agricoles. A la suite d'une bataille électorale très vive où mineurs et agriculteurs se sont trouvés aux prises, les derniers l'ont emporté et le *Débris Act* de 1884 a prohibé la méthode, rendant ainsi inutilisables, jusqu'à nouvel ordre, et sans doute pour longtemps, de vastes amas de terrains aurifères. Dans d'autres pays, comme le Klondyke, le Cap Nome, la Nouvelle-Zélande, la méthode hydraulique fonctionne encore. Il est à craindre qu'elle ne soit prohibée également en Nouvelle-Zélande par suite des progrès agricoles, et que son emploi ne se trouve ainsi restreint aux régions désolées des zones boréales, où la question d'alimentation en eau n'est pas, d'autre part, sans présenter de difficultés. En tout cas, les ravages causés en Californie suffisent à montrer qu'on ne saurait y songer dans des pays comme la vallée du Pô, la plaine de Grenade, etc., où les terrains renferment sans doute quelques traces d'or, mais où l'agriculture est trop évidemment dominante. La méthode hydraulique n'en reste pas moins très intéressante, par les proportions dans lesquelles elle opère et dont quelques chiffres vont donner l'idée.

Pour les retenues d'eau, on a atteint une capacité de 20 à 30 millions de mètres cubes, avec une dépense de 1 à 2 millions. Pour les conduites, on a été jusqu'à 500 kilomètres de longueur et 10 millions ; souvent on a dépassé 100 kilomètres et 2 millions. Les jets d'eau ont, comme je viens de le dire, été poussés jusqu'au débit colossal de 150 000 mètres cubes par vingt-quatre heures, avec une vitesse de 50 mètres par seconde. Quant aux tunnels d'évacuation, plusieurs ont atteint 1 kilomètre et coûté plus de 700 000 francs. Le prix de revient, très faible, peut descendre exceptionnellement à 0 fr. 15 ou 0 fr. 20 par mètre cube de gravier traité [1].

Dans les régions boréales comme le Klondyke ou le Cap Nome, la difficulté est de trouver de l'eau sous pression ; l'eau, captée dans les hauteurs sur les montagnes, manque dès que l'été s'avance un peu. On a alors imaginé de remonter l'eau avec des machines à vapeur ; mais, vu la rareté du combustible, cela entraîne des frais considérables, auxquels de fortes teneurs permettent seules de parer.

Enfin, l'exploitation souterraine des alluvions aurifères par puits et galeries (*drift-mining*) a été, de 1855 à 1870, organisée en grand en Californie, où l'on a reconnu ainsi peu à peu tout un réseau souterrain de rivières aurifères pliocènes ; un moment

---

1. Une exploitation hydraulique dans le nord de la Californie a traité dernièrement, avec un léger bénéfice, des alluvions tenant 0 fr. 17 d'or par mètre cube (2 cents 52 par yard cube).

délaissée, elle a repris son importance depuis l'inter-diction de la méthode hydraulique. Avec ce système, on ne peut pas descendre, dans des conditions moyennes, au-dessous de 6 fr. 80 (2 grammes) d'or fin par mètre cube.

L'exploitation souterraine prend un caractère spécial dans les régions profondément glacées comme la Transbaïkalie, le Klondyke, le Cap Nome.

Là, la température moyenne de l'année restant au-dessous de zéro et le nombre des jours froids étant très supérieur à celui des jours chauds, la con-ductibilité du sol congelé amène une pénétration progressive de l'influence réfrigérante, qui fait gagner le froid de plus en plus profondément. En pareil cas, les procédés ordinaires d'abatage au pic et aux explo-sifs ne produisent aucun effet, et l'on est obligé de travailler en dégelant au feu, malgré la localisation d'une telle action calorifique.

En Sibérie, ce dégelage est resté très rudimentaire et s'opère seulement en brûlant des tas de bois. Empiriquement, l'épaisseur de bois de chauffage à employer au pied de l'alluvion est égale à celle du terrain que ce bois, en brûlant, réussit à dégeler. On commence par foncer des puits au feu, on les relie par des galeries dans la couche aurifère et on abat progressivement les massifs entourés par ces galeries. Dans chaque cas, on continue le feu jusqu'à ce que l'action soit produite; alors on l'arrête et on abat au pic.

Ailleurs, comme au Klondyke, on a perfectionné le système en employant des pointes, c'est-à-dire des tubes chauffés à la vapeur par l'intermédiaire d'un pulsomètre. Ces tubes sont allongés progressivement à mesure que le terrain fond, aussi bien dans le creusement des puits que dans le percement des galeries. Il est à remarquer que, dans ces terrains gelés, le sol est assez résistant et, en même temps, assez plastique pour permettre de passer sous le lit même des rivières et d'économiser les boisages. Néanmoins la cherté extraordinaire de la vie fait qu'on ne peut pas y travailler en grand par le dégelage à la vapeur à moins de 60 francs d'or au mètre cube.

§ 2. — Exploitation des filons aurifères.
Plans d'essais, etc.

Nous avons déjà, à l'occasion des alluvions, indiqué quelques méthodes d'exploitation souterraine : méthodes, très simples dans ce cas, qui consistent à atteindre la couche aurifère à peu près horizontale par de petits puits verticaux, à tracer dans cette couche des galeries et à abattre, par un moyen quelconque, les massifs intermédiaires. Le cas des filons ou des couches interstratifiées à allure filonienne, comme les bancs, ou « reefs » du Witwatersrand, est différent. L'exploitation rentre alors dans le type ordinaire de tous les travaux relatifs aux filons métalliques et il ne saurait être question de faire ici, à ce propos, un cours d'exploitation des mines ; mais je vais indiquer rapidement ce que le problème à résoudre peut présenter d'un peu spécial quand il s'agit de l'or.

Les filons aurifères peuvent être plus ou moins redressés et voisins de la verticale. En général, on atteint ces filons par des puits verticaux que relient au filon des galeries horizontales menées perpendiculairement à lui, à travers la roche stérile, galeries nommées travers-bancs ; ou bien, si le filon est encaissé dans le flanc d'une montagne, ces galeries partent directement du jour sans intermédiaire de puits. Quand, d'une façon ou d'une autre, on a atteint le filon à un niveau déterminé (ce que l'on peut parfois faire immédiatement, et dès la surface, pour les filons dont l'affleurement apparaît à flanc de montagne), on suit ce filon par des galeries de niveau, raccordées de distance en distance par des galeries ou cheminées perpendiculaires suivant la ligne de plus grande pente. On « prépare » ainsi le gisement, on le « trace », comme si, voulant abattre le bloc compact d'une ville, on commençait par y tracer des rues afin de s'attaquer ensuite aux pâtés de maisons.

Au Witwatersrand, où les couches de conglomérats aurifères ont une pente variable qui, en principe, se rapproche de l'horizontale quand on s'enfonce, on a remplacé les puits verticaux par des puits inclinés suivant cette inclinaison et compris dans la couche aurifère même ; on économisait ainsi les travers-bancs, les galeries en direction étant immédiatement forées à partir du puits dans la couche. C'est du moins ce que l'on a fait là au début, pour les concessions, dites de premier rang, qui possédaient l'affleurement du filon. Pour celles qui, placées à quelque distance de l'affleurement et n'ayant pas la propriété de celui-ci, ont plus tard été chercher la suite de ce filon en profondeur, exploitations que l'on appelle des « deep levels » ou « niveaux profonds », on est revenu à la méthode normale des puits verticaux, au moins jusqu'à la rencontre de la couche, et, une fois dans celle-ci, on l'a ensuite généralement suivie par un puits incliné.

Quoi qu'il en soit, à ce premier travail de « traçage » doit succéder l'abatage des massifs, qui constitue le « dépilage » : abatage effectué d'ordinaire au moyen de perforatrices, qui servent à creuser les trous de mine, en utilisant la poudre ou la dynamite.

Les deux points les plus particuliers au travail des filons aurifères sont le cubage préalable et l'évaluation de ce qu'on appelle le « minerai en vue » ou « ore in sight », qui a dû être mis d'abord à découvert par des travaux de préparation ou de traçage en attendant son abatage. Le « minerai en vue » est celui que l'on peut affirmer exister et être exploitable avec bénéfice. Afin d'en déterminer, à la fois, la présence et la valeur, on procède, dans la plupart des mines d'or bien organisées, à des échantillonnages méthodiques, à des prises d'essai opérées, à distances égales, le long de toutes les galeries permettant d'aborder le minerai ; on analyse au laboratoire ces prises d'essai ; on reconnait leur teneur en or et, suivant que celle-ci est au-dessus ou au-dessous de la limite d'exploitation, on marque, sur le « plan d'essai » : minerai utile, ou stérile. On fait même plus et l'on note la valeur précise de l'échantillon analysé, de manière à pouvoir, s'il y a lieu, reconnaître graphiquement les directions

d'enrichissement, les colonnes ou lentilles minéra-
lisées que renferme d'ordinaire un filon, et surtout à
savoir de quel côté il faut diriger l'abatage pour
relever ou abaisser la teneur moyenne. C'est de cette
manière seulement qu'une mine bien conduite, ayant
des travaux préparatoires suffisamment avancés,
peut arriver à équilibrer sa production et éviter ces
brusques à-coups qui, même lorsqu'ils ne sont pas
recherchés systématiquement dans un but de spéculation, comme cela arrive trop souvent, ont, pour un
développement industriel rationnel, l'effet le plus
déplorable.

§ 3. — **Désagrégation et broyage des minerais. — Concasseurs. — Batteries de pilons. — Tube-mills. — Classification et préparation mécanique.**

Broyage des minerais. — Quand le minerai aurifère a été arraché au filon et ramené jusqu'au jour, il
reste à en retirer l'or, qui, le plus souvent, n'est pas
même visible dans ces cailloux informes, dans ces
quartz pyriteux, dans ces schistes imprégnés de sulfures métalliques, dans ces conglomérats de galets
quartzeux soudés et comme fondus ensemble, dans
ces roches aux veinules ou cristaux dispersés de fluorine et de tellurures.

Le traitement des minerais d'or comprend : d'abord,
s'il y a lieu, comme c'est le cas le plus ordinaire,
leur désagrégation, leur broyage en poudre plus ou
moins fine ; puis l'extraction de l'or par des procédés
divers, dont les principaux sont l'amalgamation, la

cyanuration et la chloruration. Ces opérations de métallurgie proprement dite, qui sont habituellement fondées sur la solubilité de l'or dans divers réactifs, seront étudiées plus loin; auparavant, il faut mettre le minerai en état de les subir, c'est-à-dire le réduire en parcelles assez ténues pour que le dissolvant puisse agir sur lui.

La question du broyage commence déjà à se poser pour certaines alluvions et graviers cimentés, que l'on se contente parfois de laisser se désagréger à l'air et qu'ailleurs on passe à des concasseurs. Mais elle ne prend son véritable intérêt que pour les minerais de filons, où l'or est généralement engagé, comme nous l'avons vu, dans une gangue de quartz très dure.

Peu importe, en principe, pour ce broyage, la nature du minerai aurifère; mais, en pratique, cette nature détermine le degré de finesse auquel il faut réduire le minerai : degré évidemment moins grand s'il s'agit de minerais à or libre, sur lesquels on pourra faire agir directement le mercure au bas du pilon, du bocard lui-même, que lorsqu'on s'attaque à des minerais complexes et réfractaires, destinés à être ensuite longuement élaborés. Dans tous les pays aurifères qui sortent de la phase héroïque du début pour prendre une allure véritablement industrielle, la nécessité s'impose de plus en plus d'extraire tout l'or contenu dans les minerais, et non pas seulement l'or libre aussitôt séparé par sa densité ou par son amalgamation : de retirer par conséquent les 40 à 50 p. 100 de cet or que l'on commence souvent par perdre dans les résidus d'une première opération, ou *tailings*. Le résultat d'un tel progrès ne se chiffre pas, en effet, seulement par le rendement plus considérable des minerais traités, mais surtout par la possibilité d'exploiter, en outre, des masses de minerais pauvres, autrement sans valeur, et cette utilisation des tailings demande, d'ordinaire, un broyage très perfectionné, sur lequel, dans ces derniers temps, l'attention a été tout particulièrement attirée au Transvaal, en Australie, aux États-Unis, etc.

Le procédé de broyage classique et presque universellement adopté des quartz aurifères a, jusqu'ici, toujours été, pour commencer, « le pilon ou bocard », le *stamp mill* (moulin californien). Dans un très grand nombre de cas, quand l'or est à l'état libre, ce pilonnage, qui se combine avec une amalgamation immédiate, a paru suffisant à lui seul, et, même pour les minerais plus complexes, il demeure d'ordinaire la première opération, par laquelle on enlève aisément d'abord tout l'or amalgamable. Ces appareils sont décrits dans tous les livres; je me contente donc d'en rappeler le principe.

Le minerai, d'abord concassé à 40 millimètres dans un appareil à mâchoires Blake, ou un concasseur giratoire, est réduit ensuite à 15 millimètres dans un concasseur Bartsch. Dans l'appareil à mâchoires, les fragments de roches sont pris entre deux joues en acier à surface striée, l'une fixe, l'autre mise en mouvement alternatif par une excentrique. Le concasseur giratoire présente un cône intérieur à nervures, tournant autour d'un axe vertical dans un récipient fixe.

Enfin le concasseur Bartsch porte également deux mâchoires.

Après ce premier travail de dégrossissage, le minerai passe sous les pilons (ou stamps) verticaux, généralement groupés par batterie de dix et soulevés verticalement au moyen d'un arbre à came. Ces pilons tombent et retombent avec un vacarme assourdissant, écrasant le minerai mélangé d'eau dans un mortier de fonte, où l'addition d'un peu de mercure produit une première amalgamation. La matière broyée et mélangée d'eau, qu'on nomme la pulpe, s'écoule de là par un tamis sur une plaque d'amalgamation inclinée en cuivre argenté et amalgamé, dont la largeur est celle du mortier lui-même, soit 1 m. 40 sur 2 m. 20 de long. L'or est retenu à l'état d'amalgame. A intervalles réguliers, on recueille l'amalgame en grattant les plaques et on le distille pour séparer le mercure volatil de l'or.

La tendance actuelle est d'employer des pilons lourds (400 à 550 kilogr.) et de les faire battre rapidement (90 à 96 coups par minute) avec une faible chute (0 m. 15 à 0 m. 20).

Quelquefois, depuis une dizaine d'années, on substitue aux broyeurs à pilons des broyeurs à boulets, et l'on emploie aussi parfois des cylindres horizontaux en acier, comme ceux qui servent à écraser le macadam, notamment à Cripple Creek ou en Australie. Un progrès important, que le développement de la cyanuration rendait nécessaire, a été réalisé depuis peu par l'addition, à ce premier appareil de broyage, d'un appareil finisseur, le *tube-mill*, destiné à réduire très notablement le grain des produits broyés, qui forment ce qu'on appelle la pulpe.

Les avantages du tube-mill sont de trois genres : 1° ce broyage complémentaire permet de restreindre le broyage aux pilons, d'en diminuer la durée et d'accroître la capacité de broyage d'une batterie déterminée; 2° le tube-mill, en rendant le broyage plus parfait, conduit à une extraction de l'or plus complète; 3° cette extraction est plus rapidement opérée dans la cyanuration. De ce côté, il y a donc, à la fois, un bénéfice net sur l'or produit et une diminution sur le prix de revient par l'utilisation meilleure d'une série donnée de cuves de cyanuration.

L'appareil qui produit ces résultats est un « tube broyeur », c'est-à-dire un broyeur cylindrique à boulets, un grand cylindre fermé, animé d'un mouvement de rotation autour de son axe horizontal et contenant des instruments de broyage mobiles (le plus souvent des galets de quartz, plus rarement des boulets d'acier), dans lequel on introduit, à un bout, des minerais destinés à être broyés finement, pour les recueillir à l'autre et les soumettre ensuite aux traitements de cyanuration.

Cet appareil est muni intérieurement d'un garnissage en silex très dur. Les dimensions habituelles au Transvaal sont 6 m. 60 de longueur sur 1 m. 50 de diamètre; la vitesse de rotation est d'environ 24 à 27 tours à la minute. Les minerais passent des pilons aux tube-mills, puis aux classeurs, puis aux appareils de cyanuration.

Les résultats obtenus en 1905 avec ces appareils

ont été si encourageants qu'une soixantaine ont été immédiatement installés ou commandés sur le Witwatersrand. On estime, en effet, par ce moyen, pouvoir augmenter de 2 à 3 p. 100 la proportion de l'or extrait.

Le tube-mill constitue un premier appareil de finissage, intermédiaire entre les pilons et la cyanuration. C'est à ce moment intermédiaire que vient également se placer le travail de préparation mécanique et de concentration, destiné à séparer, à classer les résidus du broyage et de l'amalgamation pour pouvoir les soumettre convenablement, soit à la chloruration, soit à la cyanuration.

Préparation mécanique. — Quand le minerai broyé, la pulpe, a passé sur les tables d'amalgamation, qui font suite aux bocards, son traitement n'est pas terminé, même pour les minerais à or libre, ou *free milling ores*. Une partie de l'or en fines paillettes flottantes (*floating gold*) a été emportée par le courant d'eau ; une autre est restée incorporée dans les résidus ou *tailings*, qui s'échappent de cet appareil. Il s'agit donc de récupérer le plus possible de cet or perdu.

Avec les minerais réfractaires, où l'or ne se présente pas à l'état amalgamable, soit par suite de sa combinaison au tellure, soit par son mélange à la pyrite de fer et aux divers sulfures, dits « sulphurets », soit par la présence de l'arsenic, de l'antimoine, du bismuth, du plomb, soit simplement parce qu'il est à l'état de combinaison mal définie en présence de la silice ou de l'oxyde de fer (Mount Morgan), le traitement de ces résidus par cyanuration ou chloruration devient encore plus indispensable et, de toutes façons, il y a donc lieu d'opérer leur classement méthodique, leur concentration.

C'est ce qu'on fait par une série d'appareils, employés d'une façon générale à la préparation mécanique des minerais : tables à secousses latérales Rittinger ; toiles sans fin caoutchoutées à secousses, ou *frue vanners* ; tables Wilfley rigides et couvertes en linoléum avec une série de baguettes longitudinales d'inégale longueur et de hauteur variable, les *riffles*, entre lesquelles, dans un mouvement alternatif rapide, s'accumulent les parties lourdes métallifères, tandis que le stérile passe par-dessus ; puis *round-buddles* et tables tournantes.

Tous ces appareils, qui ne s'appliquent pas seulement à l'or, mais à tous les minerais et dont il serait oiseux d'indiquer le détail, reposent sur le même principe : maintenir la matière broyée, « pulpe » ou « lavée », qui contient l'or, en suspension dans l'eau et séparer l'or plus lourd des parties stériles plus légères, en profitant de sa densité. Suivant le degré de finesse de la pulpe et la nature des gangues stériles, l'application de ce principe uniforme peut être différente.

Tantôt on détermine la séparation par de simples secousses verticales au-dessus d'un crible : l'or plus lourd tombant plus vite au fond ; tantôt on emploie un mouvement alternatif en plan horizontal, des secousses actionnant une table légèrement inclinée, dont la forme et la nature peuvent varier; tantôt encore on utilise la force centrifuge sur un tronc de cône tournant. En principe, le courant, qui amène la lavée, dans laquelle l'or se dissimule, descend, avec une vitesse soigneusement réglée, sur une surface inclinée recouverte en bois, en toile, en caoutchouc, parfois lisse, parfois au contraire garnie d'obstacles pour retenir l'or : surface inclinée, à laquelle on imprime, soit de simples secousses transversales, soit en outre un déplacement longitudinal en sens inverse de la pente et du courant (*true vanner*). Cette vitesse transversale se combine avec la vitesse relative du courant suivant la pente pour faire décrire aux matières, d'abord confondues, des courbes différentes suivant leur densité : par conséquent, pour les séparer. Il en résulte donc la possibilité de recueillir, soit immédiatement dans des cases différentes, soit un peu plus loin dans des bassins de décantation, les matières classifiées d'après leur densité : densité, qui, dans le cas présent, correspond à peu près à leur richesse en or, ou du moins à leur richesse en substances métalliques.

On obtient ainsi des produits enrichis, que l'on nomme les *concentrés* (pyrite et or) et, d'autre part, il s'échappe des résidus particulièrement fins, dont la finesse extrême paralyse le jeu de la densité.

Ces parties très fines, qu'on arrive malaisément ensuite à décanter, puis à faire traverser par des liqueurs filtrantes destinées à en retirer l'or par dissolution, constituent les *slimes*, que l'on s'évertue de plus en plus à traiter complètement afin de retirer jusqu'à la dernière trace de l'or qu'ils contiennent, mais dont le traitement a longtemps donné et donne souvent même encore de grandes difficultés.

§ 4. — Métallurgie de l'or. — Amalgamation. Chloruration. — Cyanuration.

La métallurgie de l'or, contrairement à ce qui s'est passé jusqu'ici pour la plupart des autres métaux, n'est pas une métallurgie ignée, si ce n'est pour les minerais complexes cupro-aurifères, plombo-argentifères à traces d'or, dans lesquels l'or est le sous-produit d'une extraction conduite d'abord en vue d'obtenir un autre métal. Elle consiste dans l'emploi de dissolvants, dont le premier en date a été le mercure, puis le chlore et enfin le cyanure de potassium.

1° **Amalgamation.** — Inutile de revenir longuement sur l'emploi du mercure. L'amalgamation, qui est la fixation de l'or à l'état d'alliage avec le mercure, s'associe et se superpose aux procédés antérieurement indiqués, soit de simple lavage au sluice, soit de broyage aux pilons, et son principe est, d'ailleurs, extrêmement simple : combiner l'or avec le mercure pour le séparer des autres substances stériles, puis distiller pour séparer les deux métaux. Mais un très grand nombre de minerais échappent, on le sait, à cette amalgamation, que paralysent notamment l'arsenic, l'antimoine, le bismuth, le plomb, etc., et ce sont ces minerais réfractaires qui, en intervenant

de plus en plus depuis 1890 dans la production aurifère, ont déterminé son essor si étonnant ; ce sont eux
également, comme je l'ai dit déjà, qui prendront,
dans l'industrie aurifère future, une part de plus en
plus exclusive. Le procédé de la chloruration, par
lequel je vais commencer, a été employé en grand
longtemps avant celui de la cyanuration ; mais il tend
à décroître, et c'est surtout cette dernière méthode
qui, avec ses perfectionnements progressifs, dont
quelques-uns tout récents, a amené une véritable
révolution dans notre industrie.

2° **Chloruration**. — La chloruration consiste à
combiner l'or au chlore pour obtenir un chlorure
d'or soluble, dont le métal est ensuite facile à extraire.

Parmi les nombreux systèmes de chloruration
essayés par Elsner, Plattner, Mears, etc., on a complètement abandonné tous ceux qui employaient un
grillage chlorurant avec du sel marin, en raison des
pertes en or qui en résultaient. Étant donné que l'or
est d'habitude inclus dans du sulfure de fer, la chloruration commence aujourd'hui toujours par un grillage oxydant très soigné, où l'on élimine la presque
totalité du soufre, de l'arsenic et de l'antimoine ; tous
les métaux, sauf l'or, passent à l'état d'oxydes, notamment le fer ; en même temps, l'on détruit les combinaisons organiques qui peuvent exister et l'on élimine l'eau de cristallisation, souvent très nuisible à
l'amalgamation (Mount Morgan, etc.). Les minerais
pour lesquels un tel grillage est en tout cas nécessaire, même si l'on veut traiter ensuite par le cya-

nure, sont, en somme, les seuls pour lesquels le procédé de chloruration semble maintenant indiqué.

Quand on a broyé et grillé, il faut chlorurer, puis précipiter l'or en dissolution par un réducteur quelconque. Les procédés diffèrent, tant par le mode d'obtention du chlore que par le choix du réducteur.

Dans le procédé Plattner, employé vers 1895 au Transvaal, on produisait le chlore par l'action de l'acide sulfurique sur un mélange de bioxyde de manganèse et de sel marin ; on combinait le chlore avec l'or dans une cuve en bois doublée de plomb ; on filtrait la liqueur jaune de chlorure d'or et l'on précipitait par réduction au moyen du sulfate de protoxyde de fer.

Dans le procédé Newbury-Vautin, le plus en vogue actuellement (Mount Morgan, Cripple Creek, etc.), on obtient le chlore par l'action de l'acide sulfurique sur le chlorure de chaux et l'on précipite l'or : soit par un filtre en charbon de bois (Mount Morgan), soit par l'hydrogène sulfuré.

Enfin, tout récemment, à Cripple Creek, on a commencé à produire le chlore d'une façon plus économique, par l'électrolyse du sel marin : méthode qui, d'après M. Levat, donnerait un prix de revient de 34 centimes par kilogramme de chlore dégagé.

Pratiquement, à Mount Morgan (Queensland), où les minerais sont extraordinairement rebelles à l'amalgamation, on a obtenu de bons résultats en les grillant faiblement après les avoir passés aux cylindres broyeurs ; puis on traite dans des barils tournants par le mélange d'acide sulfurique et de chlorure de chaux et l'on réduit au charbon de bois.

A Cripple Creek (Colorado), les minerais oxydés, caractérisés par la présence du tellure, sont maintenant traités : environ pour les 3/6 par la chloruration, pour 2/6 par la cyanuration, pour 1/6 par la fusion ; par exception, la chloruration tend là à s'étendre. Le minerai destiné à la chloruration est broyé très fin aux cylindres, puis grillé dans des fours à rablage automatique passant de 60 à 100 tonnes par 24 heures, et ensuite traité dans les barils comme à Mount Morgan ; après quoi, on précipite par l'hydrogène sulfuré.

3° Cyanuration. — Le principe de la cyanuration, à laquelle nous arrivons enfin, est extrêmement simple : il consiste uniquement à employer la solubilité bien connue de l'or dans le cyanure de potassium, pour précipiter ensuite l'or par réduction ou électrolyse. Cependant, le brevet Mac Arthur et Forrest pour l'application de cette méthode date seulement de 1887, et les premiers résultats, sauf au Witwatersrand, parurent assez décourageants, en raison de difficultés pratiques très nombreuses dans l'application ; mais, au Witwatersrand, ils furent de suite tels que toutes les mines adoptèrent le procédé [1], et, de là, il s'est répandu ensuite dans le monde entier ; ses progrès

---

1. On sait que la cyanuration, arrivée juste à propos au moment où les *free milling ores* (minerais à or directement amalgamables) commençaient à manquer, a sauvé le Transvaal, où, sans elle, un très petit nombre de mines feraient des bénéfices.

successifs l'ont amené peu à peu à une quasi-perfection.

Le succès de cette méthode dépend, à la fois, de la composition chimique des matières traitées et de leur état physique, de leur capacité filtrante. Chimiquement, il y a lieu de considérer : la présence de certains métaux comme le cuivre, qui paralysent l'opération ; puis l'acidité, ou la quantité d'alcali nécessaire pour neutraliser l'acide sulfurique produit par la décomposition des pyrites. Les sulfates acides produisent, en effet, de l'acide cyanhydrique, donnant avec l'or un composé imprécipitable ensuite par le zinc. Pour certains minerais sulfurés, un grillage préalable est nécessaire. Physiquement, il est essentiel que les résidus à lixivier soient bien classés et, si leur compacité s'oppose au passage des liqueurs cyanurées, il faut les maintenir mécaniquement en suspension.

Dans la pratique actuelle du Transvaal, on se fonde sur ce que la finesse du grain augmente beaucoup le coefficient d'extraction de l'or et l'on cherche donc à obtenir, pour la cyanuration, les produits broyés aussi fins que possible (d'où l'emploi des tube-mills décrits plus haut). A cet effet, on commence par extraire le plus d'or possible par une amalgamation succédant à un broyage aux concasseurs et aux pilons tel qu'il a été décrit plus haut, mais relativement grossier. Après quoi, on rebroie très fin au tube-mill et l'on cyanure toutes ces matières broyées, sables (*tailings*) et boues particulièrement fines (*slimes*). Les produits à cyanurer sont classés avec grand soin par grosseur, pour traiter : d'un côté, rapidement, avec des solutions concentrées, les sables et, de l'autre, longuement, par des volumes énormes de solutions très faibles, les parties fines ou slimes.

Tout l'or qui n'a pas été obtenu par l'amalgamation se retrouve, en fin de compte, à l'état de liqueur cyanurée, dont il est facile d'extraire l'or.

C'est là, remarquons-le, un changement notable avec la méthode usitée en 1895 [1], où le traitement de ces slimes commençait à peine à intervenir et où, par conséquent, on cherchait à obtenir, par broyage, le plus possible de tailings sableux, un peu plus fins que ceux qui vont au tube-mill aujourd'hui. La récupération de l'or contenu dans les slimes a permis d'élever de 80 à 92 p. 100 le coefficient total d'extraction de l'or dans les minerais.

Pratiquement, les résidus, une fois classifiés et divisés par catégories, sont remontés, au moyen de grandes roues à augets de 20 mètres, assez haut pour parcourir ensuite en descendant la série des bacs de cyanuration. Ils sont alors versés par des distributeurs à bras mobiles dans des cuves en bois ou en tôle d'acier ayant de 6 à 12 mètres de diamètre sur 1 m. 80 à 2 m. 45 de haut, où on les met en présence d'une liqueur cyanurée, qui filtre à la base par un double fond recouvert d'une natte et d'une toile. La dissolution cyanurée est beaucoup plus étendue d'eau qu'on ne le croirait. 0,30 p. 100 constitue une solution forte pour les concentrés ; pour les parties fines, on descend à 0,08 p. 100. D'ordinaire, on fait d'abord

---

1. L. DE LAUNAY, *Les Mines d'or du Transvaal*, 1896, p. 441.

agir la solution forte, puis la faible pour enlever le résidu et le traitement dure environ 3 jours. Le traitement nécessite de 6 à 10 mètres cubes de dissolution cyanurée par tonne de minerai.

Ayant obtenu l'or à l'état de liqueur cyanurée, on le précipite, soit par le zinc (procédé Mac Arthur Forrest) dans des caisses en bois divisées en un certain nombre de compartiments (extracteurs), soit encore en employant l'électrolyse (procédé Siemens et Halske) avec des électrodes négatives en plomb, sur lesquelles se dépose l'or et des électrodes positives en fer.

Dans d'autres régions, comme en Australie Occidentale ou à Cripple Creek, on fait, avant tout, un grillage oxydant, qui pourrait peut-être être employé fructueusement d'une façon plus générale.

A Kalgoorlie, on a imaginé le procédé très spécial du *filtre-presse*. Certains minerais réfractaires de cette région (Great Boulder) contiennent du gypse, de la magnésie et de la calcite, qui rendaient les anciens systèmes de traitement illusoires. Un essai pour agiter la pulpe à l'air comprimé dans les cuves de cyanuration ne donna pas de bons résultats. On inventa alors la méthode du filtre-presse, appliquée après concassage, broyage, grillage et première cyanuration dans des cuves munies d'agitateurs. La pulpe est comprimée en gâteau dans une presse contenant six tonnes de matière, de manière à extraire le plus possible des 55 p. 100 d'eau qu'elle contient. On y fait passer dix minutes de l'air comprimé pour oxygéner, puis vingt-cinq minutes une solution à 0,08 p. 100

de cyanure, fortement comprimée. On aère encore et on lave à l'eau pure.

A Cripple Creek, avec des minerais tellurés, le grillage préalable a pour but de diminuer le temps de contact avec le cyanure et les pertes de cyanure, en même temps qu'on augmente le coefficient d'extraction.

Ajoutons seulement, pour terminer, quelques chiffres sur les prix de revient de ces divers procédés métallurgiques.

Dans une mine importante et largement ouverte, on peut, comme je l'ai dit précédemment [1], arriver à traiter des minerais à or libre à raison de 12 francs par tonne. Mais, bien souvent, le chiffre atteint ou dépasse le double : 25 francs dans certains moulins californiens, beaucoup plus encore dans des pays comme la Colombie.

Avec la chloruration appliquée aux minerais tellurés de Cripple Creek, le prix de revient est d'environ 16 à 20 francs par tonne; à Mount Morgan, avec un traitement analogue, le prix est de 18 fr. 40.

Au Transvaal, avec la cyanuration, les frais d'exploitation et de traitement par tonne métrique (non compris l'amortissement des installations) variaient, en 1895, de 22 francs par tonne à 80 francs et étaient en moyenne, de 32 à 35 francs. La conquête anglaise les a d'abord augmentés; mais les progrès industriels compensent peu à peu cet effet fàcheux. Sans faire une moyenne, qui porte sur des éléments trop varia-

---

1. Page 53.

bles pour avoir une portée réelle, les frais d'exploitation (auxquels il conviendrait, pour avoir une appréciation exacte, d'ajouter l'impôt de 10 p. 100 sur les bénéfices) sont, actuellement, dans d'assez nombreuses compagnies, de 25 à 31 francs (25 à la Robinson deep, 27 à la City and Suburban et à la Crown deep, 33 à la Nourse Mines et à la Ferreira, 37,50 à la Wemmer). 30 à 31 francs constituent un chiffre très courant, porté, par le fait de l'impôt, à un chiffre rond de 32 francs [1].

Ces frais restent, d'ailleurs, très élevés par rapport à ceux d'autres régions, où l'on emploie également la cyanuration.

---

1. Il ne faut pas oublier que ces chiffres se rapportent à des tonnes métriques, tandis que les statistiques anglaises sont calculées pour la tonne de 2000 livres, ou 907 kilogrammes.

CHAPITRE IV

ÉTUDE ÉCONOMIQUE DE L'OR

§ 1. — Les statistiques relatives à l'or.

§ 2. — Notions générales sur le commerce de l'or.

§ 3. — Les emplois industriels de l'or. — Le frai.

§ 4. — La monnaie d'or et le bimétallisme. — Proportion de l'or employé comme monnaie. — Les systèmes de circulation fiduciaire. — Les stocks monétaires.

§ 5. — Le pouvoir d'achat de l'or. — Fluctuations de sa valeur. — Complexité du problème. — Appréciation par le prix de la vie. — Comparaison avec les autres métaux.

§ 6. — L'évolution actuelle de l'industrie aurifère. — Causes et conséquences de son développement. — Influences économiques et politiques sur le développement actuel de la production et de la consommation aurifères : expansion coloniale, guerre anglo-boër, pénétration de la Chine, abandon du bimétallisme, etc. — Probabilités immédiates ou plus lointaines pour l'industrie de l'or. — Conséquences économiques et sociales. — L'intérêt de l'argent. — L'avenir du capital.

Nous avons vu, jusqu'ici, dans un premier chapitre géologique, comment l'or est réparti dans l'écorce terrestre et sous quelles formes on l'y rencontre, à quel état de minéralisation, en combinaison avec quels métaux ou en association avec quelles substances minérales; nous avons examiné quelle peut être la teneur moyenne en or des continents et des mers, quelles ressources en or nous offrent les parties immédiatement abordables de l'écorce terrestre, sans parler de ce que la Terre peut en cacher dans sa profondeur.

Puis nous avons cherché la répartition géographique de ces minerais aurifères, tant dans le passé que dans le présent; nous avons passé en revue les pays et les continents qui ont produit ou produisent de l'or, en nous efforçant de préciser l'importance respective de ces diverses concentrations anormales, qui ont rassemblé, ici ou là, un plus ou moins gros tas d'or. Nous avons vu ainsi combien les très grandes richesses en or étaient rares et strictement localisées en un très petit nombre de points : ce qui montre le côté exceptionnel du phénomène et ce qui correspond bien avec l'hypothèse, appuyée sur tant d'autres preuves, de son origine première profonde. Nous avons insisté aussi sur le caractère précaire, éphémère, de ces exploitations aurifères, qui, un moment, fascinent les imaginations, démontrant ainsi, par l'histoire en même temps que par la logique, la nécessité, si l'on veut trouver de l'or abondant et facile à extraire, d'aller le chercher dans les régions difficilement abordables, où, pour une cause quelconque, la civilisation n'a pas encore pénétré : dans ce qu'on pourrait appeler ses « marches » avancées.

Envisageant à un autre égard le même ordre d'idées à la fois géographique et géologique, nous avons fait remarquer combien le rôle des minerais pauvres allait de plus en plus prendre la prédominance, à mesure que les champs d'exploration vierges s'épuiseraient : évolution industrielle encore accentuée par les facilités croissantes que donnent, pour traiter de tels minerais, les progrès journaliers de la métallurgie étudiés dans le chapitre précédent. Et, en ce qui concerne ces minerais pauvres, nous avons fait voir combien leur proportion disponible croissait vite à mesure que la teneur limite, déterminée par les frais d'extraction, s'abaisse, combien la barrière établie entre minerai et stérile est fictive, empirique et momentanée : combien, par conséquent, la Terre nous réserve des quantités considérables de minerais aurifères à teneur de plus en plus basse, qui seront à notre disposition le jour où nous voudrons mettre le prix nécessaire à leur élaboration, soit que ce prix ait suffisamment baissé par un progrès métallurgique, soit que la valeur de l'or, devenu plus rare, ait assez augmenté.

Enfin, dans le dernier chapitre, nous avons sommairement décrit les méthodes d'extraction, de préparation mécanique et de traitement métallurgique employées pour les minerais d'or, en fixant le prix de revient actuel des méthodes les plus usitées dans les centres miniers les plus fameux et mettant en évidence les progrès récents, qui peuvent avoir pour résultat d'abaisser ce prix de revient.

Nous allons maintenant avoir à nous rappeler les conclusions principales de ces diverses études pour en tirer, avec l'aide de quelques éléments d'information nouveaux qui vont être d'abord envisagés, des conclusions économiques.

Le problème de l'or, si intéressant, si capital pour

tous, pauvres et riches, travailleurs et capitalistes, indirectement ou directement, est, en deux mots, le suivant : quelle quantité d'or le monde va-t-il produire pendant les prochaines années et quelles seront les conséquences, les incidences, les répercussions de cet afflux d'or, ou, plus tard, peut-être de son arrêt; conséquences qui, pour n'apparaître pas aussitôt comme s'il s'agissait d'un renchérissement pour le pain ou pour la houille, n'en ont pas moins leur effet dans toutes les questions économiques, financières et sociales.

L'ordre que nous allons suivre consistera d'abord à examiner comment s'effectue le commerce de l'or, quels sont, en dehors de la monnaie, les emplois industriels de l'or et quel est le degré de nécessité de ses emplois comme monnaie : ce qui revient à apprécier la consommation de l'or destinée à équilibrer sa production; autrement dit la demande, qui, venant en balance avec l'offre, détermine finalement le prix, dont nous essayerons de suivre les fluctuations. Nous nous attacherons ensuite à analyser les causes et les conséquences de l'essor aurifère actuel, afin de pouvoir en apprécier la durée et de prévoir les conséquences à attendre, soit de sa prolongation, soit de son arrêt. Nous chercherons alors à conclure en examinant l'effet que produirait, sur la constitution moderne de la société, soit un renchérissement probable, soit un avilissement possible de la valeur de l'or.

§ 1. — Les statistiques relatives à l'or.

Toutes les études économiques relatives à l'or reposent nécessairement sur les statistiques, dont nous avons déjà reproduit les principaux résultats. Or, pour peu qu'on ait eu l'occasion d'étudier quelques statistiques, on sait la grosse part d'approximation qui entre dans ces chiffres en apparence si précis. Il n'est donc peut-être pas inutile de voir, en deux mots, par quels moyens réels on est renseigné sur la production et le commerce de l'or.

La production des mines d'or est, en principe, dans tous les pays civilisés, soumise à une déclaration et à un contrôle officiels, comme pour la plupart des autres richesses minérales. Cette déclaration formant ordinairement la base d'un impôt, on peut prévoir une certaine part de fraude, surtout de la part des petits producteurs. Cependant l'erreur, de ce chef, n'est peut-être pas très considérable dans les grands centres miniers et les pays de forte extraction. Les mines ont, en effet, un intérêt de sens contraire à ne pas diminuer leur production apparente : celle-ci formant, en grande partie, surtout dans la phase ascendante de l'industrie, la base de leur valeur en Bourse. Les communications aux actionnaires donnent très fréquemment (pour bien des districts, mensuellement) la production de l'or, et la tendance serait plutôt de l'exagérer, notamment par le jeu de l'*or fin* et de l'*or brut*, ou *or bullion*, qui peuvent

souvent différer l'un de l'autre de 10 ou 20 p. 100.
L'or des mines ou des placers n'est pas, avant raffinage, de l'or fin ; il contient une proportion plus ou
moins forte de métaux étrangers, argent, cuivre, etc.,
et, comme le raffinage ne se fait pas, en général,
sur la mine, mais après expédition à un grand centre
industriel d'Europe ou des États-Unis, comme le
métal sort de son pays d'origine à l'état de brut, il
est facile de grossir les chiffres de production par
une légère inexactitude sur la proportion de fin. Au
Transvaal, où tous les renseignements relatifs à la
production des mines sont fournis avec un détail
et un soin particuliers, il n'y a pas longtemps qu'on
a renoncé à cette pratique vicieuse d'énoncer les
productions en or brut, pour les donner maintenant
plus exactement en or fin.

Une autre cause d'erreurs, qui intervient souvent
dans d'autres statistiques industrielles, n'entre pas
en ligne de compte pour l'or. L'extraction de l'or est,
par la nature spéciale de la substance produite, une
industrie au grand jour, où il ne peut s'agir de concurrence entre producteurs voisins, où aucun d'eux n'a
d'intérêt industriel à dissimuler ses procédés, ses essais
et ses résultats. Seules, les considérations financières
pourraient intervenir pour fausser les déclarations,
mais toujours dans le même sens, en portant à accroître la production apparente afin d'obtenir du crédit.

Là où il existe un contrôle administratif des mines
régulièrement organisé, ses publications peuvent
donc souvent inspirer une confiance relative. Il se
présente cependant (même en laissant de côté pour

le moment les pays, comme la Chine, où aucun contrôle semblable n'a lieu) une cause d'erreur très
grave. Ce sont les vols, qui interviennent, sur tous
les champs d'or, avec une intensité un peu variable
suivant le pays et suivant le degré de surveillance,
mais toujours dans une proportion considérable.
Ces vols sont particulièrement aisés avec une substance dont le prix est aussi élevé sous un aussi
faible poids, qu'il est aussi facile de dissimuler et
ensuite de vendre, puisqu'elle forme une marchandise universelle. Qu'il s'agisse de poudre d'or dérobée
sur les placers par les ouvriers chargés de l'extraction, ou, dans les usines, d'amalgame subtilisé au
moment du grattage mensuel, une proportion notable de l'or extrait échappe à ses légitimes possesseurs
et, par conséquent, aux statisticiens. Même dans un
cas, comme celui du Transvaal, où l'industrie de l'or
est très localisée, très centralisée, particulièrement
facile à surveiller, cette question des vols préoccupe
depuis longtemps sans qu'on arrive à en trouver
la solution complète, et, quoiqu'il soit naturellement impossible de la chiffrer, on a parlé de 5 ou
10 p. 100, qui seraient ainsi dérobés. A plus forte
raison, le vol joue-t-il un grand rôle dans un pays
comme la Sibérie, où les ouvriers sont beaucoup
plus isolés et où la corruption, qui forme la règle
administrative du haut en bas de l'échelle, invite
chacun à profiter des occasions favorables. D'après
M. Levat [1], la quantité d'or volée ne serait pas

1. *L'Or en Sibérie orientale* (Rouveyre, 1896), t. I, p. 60; t. II,
p. 34.

moindre de 20 p. 100 en moyenne pour la Sibérie, autant qu'on peut en juger par la comparaison entre les produits d'un lavage directement surveillé et celui d'un lavage opéré dans les conditions ordinaires. « L'habitude du vol, dit-il, est tellement invétérée chez le mineur sibérien employé sur les placers que les règlements les plus sévères ne produisent aucun effet ; mais il y a plus : les ouvriers cherchent de préférence à se faire embaucher sur les placers où l'on ferme les yeux sur le vol, mais où l'on rançonne les hommes, soit par les ventes de la cantine, soit par une ration insuffisante ou avariée. » Ce que M. Levat n'ajoute pas, mais ce qu'il est aisé de lire entre les lignes, c'est que, dans ce dernier cas, ce ne sont pas seulement les vols des ouvriers qui interviennent.

Naturellement les pays frontières sont particulièrement propices à ces commerces clandestins. En Russie, le Gouvernement exige que tout l'or produit dans l'Empire soit apporté à ses Hôtels des Monnaies. Il en est acheteur à un taux fixé d'avance afin d'augmenter son encaisse de lingots d'or, en même temps qu'il perçoit, d'autre part, une redevance variable sur le produit brut des mines. On pourrait donc supposer que tout l'or extrait lui passe par les mains. Une grande partie de celui-ci échappe néanmoins à ce double contrôle, surtout dans la région contiguë à la Chine, où les mineurs ont trop de facilités pour faire sortir leur or sans le déclarer.

Même dans un pays relativement civilisé comme l'Empire Russe, il faut, en outre, compter sur de véritables exploitations clandestines ou illicites, parfois organisées en grand. On a vu, récemment encore (1896), sur la Zéya, une foule de 4 000 aventuriers venir occuper un placer régulièrement concédé à d'autres et ne se retirer, après avoir enlevé plusieurs millions d'or, que devant un régiment de cosaques. A plus forte raison en est-il de même dans les pays à régime mal déterminé, dont le fameux Contesté Brésilien a fourni un exemple mémorable. Dans cette zone située à la limite de la Guyane française et du Brésil, on a trouvé, vers 1890, des placers d'une richesse exceptionnelle qui ont donné lieu, pendant plusieurs années, à une production considérable sans surveillance d'aucune sorte et dont l'or a échappé à toutes les statistiques. Dans les Guyanes mêmes, chacun sait qu'un semblable phénomène se produit journellement en plus petit, l'or extrait de la partie française évitant de passer par Cayenne, où il serait contrôlé et payerait un impôt dit de statistique.

L'observation générale, que j'ai plus d'une fois répétée, sur la situation ordinaire des riches découvertes aurifères dans des pays nouveaux, rebelles à la civilisation et difficiles d'accès, donne une valeur spéciale à cette observation sur la production inconnue ou dissimulée des placers. Il est trop évident que, lors de la découverte des placers de la Californie, ou, plus récemment, du Yukon, les aventuriers, qui se sont rués là par milliers, n'ont pas eu pour premier soin d'aller fournir à une administration quelconque les comptes détaillés de leur extraction afin de renseigner les économistes.

A côté de cette cause d'erreur si considérable, c'est fort peu de chose qu'une autre raison d'inexactitude dont il faut pourtant dire un mot. L'or obtenu dans les usines de raffinage ne provient pas seulement des minerais aurifères proprement dits et n'arrive pas tout entier aux raffineurs sous la forme d'or brut à 750, 800 ou 900 p. 1 000 de fin. Il faut, de plus, tenir compte des traces d'or, qui existent dans un certain nombre de métaux tels que le cuivre et l'argent, et qui souvent ne figurent même pas dans les contrats de vente de ces métaux, ou n'y figurent que pour un chiffre très inférieur à leur valeur réelle. Quoique cela puisse d'abord paraître étonnant, d'assez nombreuses mines produisent longtemps de l'or sans en profiter ; elles vendent des minerais de cuivre, des mattes cuivreuses ou du cuivre de cémentation, des galènes argentifères ou des plombs d'œuvre, des pyrites de fer, etc., sans se douter que ces produits contiennent des traces d'or appréciables, ou du moins, si l'analyse les leur a décelées, sans réussir à en faire tenir compte dans les contrats. C'est un des bénéfices, qui souvent n'est pas négligeable, des fondeurs, et des raffineurs. Il en résulte que l'on voit tout à coup apparaître, dans les statistiques métallurgiques, de l'or qui n'avait encore figuré nulle part dans les statistiques minières et qu'on se trouve attribuer une production d'or, parfois supposée indigène, à des pays où, en réalité, on n'extrait pas de terre un gramme d'or. Le cas s'est notamment présenté longtemps pour l'Allemagne où, jusqu'en 1894, la statistique officielle faisait figurer chaque année, outre l'or extrait de minerais importés, 3 à 4 000 kilogrammes d'or réputé indigène. Il en est de même pour l'Angleterre et pour la France[1]. Mais, quand on a fait cette rectification pour les pays où cet or est obtenu, on se trouve en présence d'une erreur inverse pour la production mondiale, puisque cet or, qu'on a dû retirer à la production des pays européens, ne figure pas, comme il le devrait, à son pays d'origine.

Au total, on voit que les chiffres officiels des productions minières ont toutes les chances pour représenter un minimum assez sensiblement inférieur à la réalité. On les complète, dans une certaine mesure, par les tableaux des douanes et des monnaies. C'est par les douanes, en comptant ce qui est exporté vers l'Angleterre ou l'Inde, que l'on essaye notamment d'apprécier la production chinoise, en appliquant à ces exportations un coefficient tout à fait arbitraire. Les douanes, sur lesquelles on se fonde également pour évaluer les mouvements de numéraire d'un pays à l'autre, constituent un procédé de plus en plus erroné et insuffisant, à mesure que, les années passant, il tend à affecter des allures de plus haute précision. Les chiffres qu'on obtient par un tel contrôle doivent toujours être considérés comme des minimums, et notamment pour les exportations d'or, dont le commerce a intérêt à diminuer la valeur. Le ministère du commerce italien, ayant eu l'idée d'établir une statistique fondée sur les renseignements donnés par

---

1. J'ai signalé plus haut, page 137, note 1, la discussion analogue à laquelle avait donné lieu récemment la production aurifère hongroise.

les institutions de crédit et les grandes entreprises de
transport, a trouvé, de ce seul chef, un chiffre d'or
triple de celui accusé par la douane.

En outre, la facilité des voyages, la sécurité même
des transports, la multiplicité des échanges, font
qu'une proportion très importante de l'or voyage
incognito. Il suffit, pour s'en rendre compte, de chercher à calculer ce qu'il peut entrer d'or chaque année
dans la ceinture des voyageurs pour un pays comme
la Suisse, l'Italie ou la France, où le mouvement des
voyages est considérable et incessant. Il en est de
même pour l'or que les prospecteurs peuvent rap-
porter des pays lointains, où ils ont été le recueillir.
En dehors de toute question de fraude, l'or a toutes
raisons de se dissimuler afin d'éviter les chances de
vol et toutes facilités pour y réussir.

Restent les hôtels des monnaies. Tout l'or, qui
veut se convertir en numéraire et recevoir l'estampille
légale, y afflue nécessairement à un moment ou à un
autre, après un trajet plus ou moins long. Ce serait
donc un assez bon moyen d'investigation que de
compter leur frappe, à la condition bien entendu de
faire porter les calculs sur une période un peu longue,
s'il n'y avait, pour l'or, des usages industriels, dont
je dirai bientôt toute l'importance et qui introduisent
une complication inextricable dans ces essais d'évaluation. Le prix de la frappe est, en effet, si peu de
chose et le bénéfice sur la teneur de certaines monnaies anciennes, ou telle autre considération commerciale en font si souvent la contre-partie qu'une
proportion certainement notable de l'or employé par

les orfèvres doit provenir, non de lingots, mais de
pièces refondues; et, inversement, un jour ou l'autre,
les objets d'or démodés, abîmés ou usés, peuvent
retourner se faire frapper en monnaies. On semble
en saisir la preuve quand on compare, comme nous
allons le faire bientôt [1]. pour une période déterminée,
même assez longue, la production mondiale avec la
frappe.

Au cours du XIXe siècle, la frappe de l'or a au moins
atteint la production de l'or accusée par les statistiques. Comme la consommation industrielle a été,
pendant le même temps, très considérable, — plus
de 30 p. 100 et, suivant des calculs assez plau-
sibles, peut-être 60 p. 100 de l'extraction — il faut en
conclure : d'une part une refonte de nombreux objets
d'or, soit des anciennes monnaies, dont se trouve
ainsi diminué ce que nous appellerons plus loin le
« taux de survie », soit des bijoux revenus de ces
pays d'Extrême-Orient, par lesquels s'est fait jadis
un drainage si prolongé; d'autre part, une majoration
très vraisemblable à apporter aux statistiques, que
nous sommes, par cette voie également, amenés à
considérer comme devant représenter un minimum

§ 2. — **Notions générales sur le commerce de l'or**.

L'or est une marchandise, quoiqu'on ait trop une
tendance à l'oublier : une marchandise, qui est,
comme toutes les autres, l'objet d'un commerce et qui

1. Voir page 198.

subit les fluctuations résultant de l'offre et de la demande. Prenons l'or à sa sortie de l'usine, où on l'a produit près de la mine, et essayons de suivre son histoire.

L'or des mines est toujours vendu à l'état de brut, de *bullion*, même dans les pays où il y a une grande industrie fortement organisée comme le Transvaal, à plus forte raison dans les régions à civilisation encore sommaire. Les mines ont, pour ne pas opérer elles-mêmes le raffinage qui transformerait cet or brut en or fin par élimination de ses impuretés, plusieurs raisons : par exemple, la difficulté d'atteindre le titre exact qu'exigent les hôtels des monnaies ; le désir de n'avoir pas à surveiller trop longtemps une marchandise aussi précieuse dans des endroits toujours relativement isolés, etc.

Cet or brut est, d'ordinaire, vendu à une banque locale, qui l'achète un prix de... à débattre sur la teneur en or fin, puis le cède, dans des conditions analogues, au raffineur européen ou nord-américain, lequel le revend à son tour, soit au public pour ses besoins industriels, soit aux hôtels des monnaies ou aux banques nationales, celles-ci achetant l'or au pair comme les hôtels des monnaies, mais en le payant comptant.

Ces opérations ne sont simplifiées qu'en Russie, où le commerce de l'or est monopolisé par l'État, auquel chacun est forcé de vendre toute sa production, payée en roubles-papier au cours du jour, moins une retenue prélevée sur le produit brut, qui varie, suivant les lieux de production, de 3 à 15 p. 100.

En dehors de ce cas très particulier, voici, en général, ce qui se passe. La banque intermédiaire qui a prélevé, pour ses frais de commission, le fret, le transport et l'assurance, environ 1,50 à 2 p. 100, vend son or au raffineur à un prix qui peut varier, suivant les moments, de près de 1 p. 100 : par exemple à Londres de 77 sh. 9 pence ou 97 fr. 20 l'once de 31,1 gr. (valeur légale de l'once *troy* au titre *Standard* à la Banque d'Angleterre), jusqu'à 98,10 quand l'or est très demandé et fait prime sur le billet de banque.

Outre cette question d'offre et de demande, il y a encore sujet à débat en raison de la qualité de l'or. C'est ainsi que les acheteurs d'or provenant de la cyanuration déduisaient, jusqu'en 1895, au Transvaal, 15 p. 1000 de la valeur pour qualité inférieure et déduisent encore de 2 à 5 p. 1000.

Ce sont toutes ces considérations, auxquelles il faut peut-être ajouter le bénéfice sur la teneur en or fin admise, qui font que l'or est toujours très recherché, par les banques d'abord, puis par les raffineurs; elles contribuent à ce que cette marchandise spéciale trouve, malgré sa production énorme, un débouché généralement très facile.

Si nous laissons de côté ces variations de cours, le prix de l'or est déterminé, dans chaque pays, par la monnaie légale du pays et c'est autour du prix résultant de cette monnaie légale qu'il oscille dans des limites en somme assez restreintes, quoique pouvant donner lieu, vu les gros chiffres sur lesquels on opère, à d'importants bénéfices.

La particularité, qui caractérise aussitôt, comme

je l'ai assez rappelé, le commerce de l'or, c'est que son
prix d'achat est à peu près constant d'un pays à l'autre
et ne semble pas non plus directement variable dans
un même pays avec l'époque. Il ne faut pas toutefois
exagérer cette fixité, et non pas seulement se dissimuler
les variations avec le temps, qui, pour se traduire
indirectement par la hausse ou la baisse générale de
la vie, n'en sont pas moins sensibles, mais aussi les
différences de pays à pays, qui constituent un agio.
La monnaie d'or n'est, pas plus que toute marchandise, demandée en quantités illimitées et l'illusion à
cet égard vient surtout de ce que cette demande a été
depuis longtemps surabondante. Mais un pays n'a
pas besoin de posséder plus d'une quantité déterminée de numéraire. C'est, les économistes l'ont
depuis longtemps remarqué, se faire une très fausse
idée de la richesse nationale que de l'évaluer uniquo-
ment d'après le stock de numéraire. Il y a même,
comme nous le redirons en parlant de la monnaie, des
pays, qui, loin de chercher à attirer l'or, ont, soit
momentanément, soit d'une manière durable, essayé
de l'écarter; et l'on a pu voir tout récemment le
Mexique, autrefois grand champion de la monnaie
d'argent, puis converti à l'or, être obligé de se
défendre contre une dépréciation de l'or.

Dans chaque cas particulier, les changeurs et ban-
quiers ont à faire des calculs pour apprécier s'il convient, par exemple, de payer à Londres, en lingots,
en napoléons, en livres sterling.

Apporté à un hôtel des monnaies ou à une banque
comme la Banque de France ou d'Angleterre, un

lingot y est coté en kilogrammes de fin, métaux
étrangers déduits. En France, la valeur légale, ou
pair de l'or, résulte de la loi du 17 germinal an XI,
qui prescrit de tailler, dans un kilogramme d'or à
900/1 000 de fin, 155 pièces de 20 francs. Un kilogramme d'or, au titre monétaire de 900/1000, vaut
donc légalement 3 100 francs. Un kilogramme d'or
fin vaut, par suite 3,444,44, soit 15 fois 1/2 la valeur
théorique de l'argent en France, qui est de 1 fr. pour
4 gr. 1/2 d'argent fin, ou 222 fr. 22 par kilogramme
d'argent fin. Mais, comme on achète des lingots avec
des espèces, c'est-à-dire en les échangeant contre
d'autres lingots préalablement converti sen monnaies,
il y a lieu, pour avoir le pair réel, de déduire les frais
de fabrication, soit 7 fr. 44 par kilogramme d'or
fin ; ce qui établit le pair à 3 437 francs.

Faute de réflexion, on pourrait croire que, dans le
payement en pièces de monnaie, il faut tenir compte,
en outre, de l'alliage qui entre dans ces pièces, où il
n'y a que 900/1 000 de fin ; mais ce calcul est déjà
intervenu dans la fixation de la valeur d'une pièce de
vingt francs, qui vaut 20 francs d'or et non la quantité d'or fin correspondant à son poids total. Les
lingots sont donc payés en monnaies françaises au
cours légal à raison de 3 437 le kilogramme d'or fin.
Dans d'autres pays, les frais de fabrication et les conditions d'achat peuvent être légèrement différents ;
nous en avons déjà vu un exemple pour la Russie.

En Angleterre, la Banque ne prélève pas de frais
de fabrication, mais retient 1,60 p. 1 000 comme commission.

La monnaie d'or circule d'un pays à l'autre, puisqu'elle est le principal (mais pas à beaucoup près le seul) instrument d'échange international. La vente et l'achat de ces monnaies d'or constituent l'opération ordinaire des changeurs. Les métaux précieux passent et repassent les frontières, augmentant ou diminuant de prix dans un pays déterminé (et indépendamment de toutes les causes générales par lesquelles le pouvoir d'achat de l'or peut être modifié), comme le papier court ou long et sous l'influence des mêmes causes : taux comparatif de l'escompte; situation de la balance internationale.

Dans la plupart des pays, le poids légal des monnaies est déterminé, comme nous venons de le voir pour le cas de la France, par le nombre d'unités monétaires que l'on tire du kilogramme de métal. Il en résulte la relation au pair d'une monnaie à une autre : par exemple 25,221 pour la livre sterling, ou 5,1825 pour le dollar or, ou 1,2346 pour le mark. Pratiquement, les monnaies d'or sont l'objet d'une cote journalière et de fluctuations, comme le papier d'une place sur l'autre et comme l'escompte officiel à l'étranger. On cotera, par exemple, un jour, pour la livre sterling : 25,05 ou 25,10, au lieu de 25,22, ceci pour les ventes au détail; ou encore, pour les gros achats, telle pièce fera tant de millièmes de prime sur les prix inscrits au tarif de la Banque de France. C'est la base de toutes les opérations de change qui constituent une science spéciale, dans laquelle nous n'avons pas à entrer. Il suffira d'indiquer quelle en est la conséquence pour la sortie des métaux précieux.

Supposons que Paris ait à payer à Londres, il peut le faire en souverains anglais, en lingots, en pièces de 20 francs françaises ou en papier. Si l'on possède des souverains (livres sterling) et qu'on les expédie, on doit seulement ajouter, à leur valeur au cours du jour, les frais de transport de 1 1/2 p. 1 000 ; si on expédie des lingots ou des pièces françaises, comme le créancier anglais n'est pas tenu de les accepter, il faut ajouter la commission de la Banque d'Angleterre pour le monnayage. Les pièces d'or françaises ont un titre un peu plus élevé que le titre anglais, mais, par contre, étant achetées au poids, perdent par le frai.

Faute d'or, on peut acheter du papier sur Londres ; cette dernière opération sera avantageuse ou défavorable suivant que le cours du change dépassera un taux aisé à calculer d'après ces observations : de 25,258 dans le cas des souverains, de 25,30 dans le cas des lingots, de 25,287 dans le cas des pièces de 20 francs. C'est ce qu'on appelle les « Gold points ». Quand le change est au-dessus du pair et que, par suite, une exportation de numéraire est prochaine, on a l'habitude de dire, en vertu des anciennes théories erronées sur la balance du commerce, que le change est *défavorable* ; il est *favorable* dans le cas contraire.

Quand un afflux d'or se produit vers un pays par l'effet du change, les monnaies nationales se présentent d'abord à la frontière, puis les lingots et, en dernier lieu, les monnaies étrangères. Les lingots et une partie des monnaies étrangères aboutissent, chez nous, à la Banque de France, qui, pratiquement, les retient tous parce que, payant l'or au même prix que la monnaie, elle paye comptant et non, comme la Monnaie, à dix jours, plus quelques jours de vérification. Dans la plupart des cas, la Banque, pouvant représenter son encaisse-or par des billets de banque, a avantage à ne pas payer les frais de fabrication, c'est-à-dire à ne pas faire réellement monnayer. Elle garde seulement ces matières d'or jusqu'au jour où elle trouve une occasion favorable de les revendre.

§ 3. — Les emplois industriels de l'or.

Quand il s'agit des métaux précieux, or ou argent, le seul usage auquel on songe d'abord, ou du moins le seul usage essentiel, est la monnaie et c'est, d'après la frappe, la pléthore ou la disette monétaire, que l'on raisonne presque exclusivement pour établir la situation économique de l'or et de l'argent. On oublie ainsi les usages industriels, qui consomment cependant des quantités considérables de ces deux métaux. Je vais commencer, au contraire, par ces emplois dans l'industrie pour revenir ensuite à la monnaie.

L'on connaît assez les qualités très spéciales par lesquelles l'or se recommande aux usages industriels et dont quelques-unes l'ont fait également choisir comme monnaie. L'or est brillant, malléable, ductile, à peu près inaltérable, plus dense que tous les autres métaux usuels, à l'exception du platine; il n'a qu'un seul défaut (en dehors de sa rareté), c'est de ne pas être assez dur. On y remédie, comme on le sait, en l'alliant au cuivre ; néanmoins l'or s'use assez rapidement et cette usure de l'or, que l'on appelle le « frai » quand il s'agit des monnaies [1], contribue, avec les pertes accidentelles qui ne sont pas négligeables, à faire disparaître une partie notable de l'or extrait chaque année, et à réduire, par conséquent, le stock de métal précieux, que l'on aurait pu supposer devoir s'augmenter incessamment de la production annuelle.

La consommation industrielle de l'or consiste dans la fabrication des bijoux, bagues, boîtiers et chaînes de montres, or en feuilles pour dorures, industries diverses, telles que lunetterie, plumes, dentistes, produits chimiques et photographiques, etc.

L'or en feuilles battues sert pour les lettres dorées des enseignes, pour les inscriptions des reliures et les tranches des livres, pour les cadres des glaces et des tableaux, pour la dorure des métaux (bronze des statues, fer des grilles) ; l'or en poudre est appliqué sur les moulures des meubles ou des appartements, les Japonais l'introduisent dans leurs laques. L'or est encore employé au trempé ou par électrolyse. On le tréfile pour faire des galons, des aiguillettes, des dentelles d'or. Toutes applications où il est inutile de dire que l'on se sert également beaucoup d'alliages et de simili-ors.

On a souvent tenté, de ces emplois industriels, des évaluations qui ont le défaut d'être fort discordantes entre elles. L'or utilisé par les orfèvres n'est pas, en effet, seulement celui qu'ils peuvent acheter

1. Voir plus loin, p. 193.

en lingots aux hôtels des monnaies et sur lequel la statistique a une prise, mais aussi celui qu'ils obtiennent bien plus simplement en fondant de vieux bijoux ou des monnaies d'or, celui qu'on réalise en brûlant d'anciennes dorures ou des étoffes à fils d'or et qu'il est impossible d'apprécier.

En 1890, un essai d'évaluation, tenté par M. Suess[1], estimait à 22 600 kilogrammes d'or (ou près de 78 millions par an), la quantité d'or utilisée industriellement aux États-Unis. Pour la même année, il calculait que la Suisse, avec son grand commerce d'horlogerie, avait pu employer 10 000 kilogrammes d'or fin, dont 7/9 pour l'horlogerie et 2/9 pour la bijouterie. La consommation d'or de l'Angleterre était évaluée à environ 20 000 kil., dont 12 000 à Birmingham seulement; celle de l'Allemagne à 15 ou 16 000; celle de la France à peu près au même chiffre. Au total, pour l'Europe et l'Amérique du Nord, on n'arrivait pas à moins de 80 000 kilogrammes d'or, sur une production mondiale qui était alors de 181 000 kilogrammes. La même année, l'Inde avait importé 41 000 kilogrammes d'or, soustrait à la frappe et employé en bijoux. En ajoutant la consommation des autres pays, notamment du reste de l'Asie, qui utilise beaucoup d'or en orfèvreries, ou qui en accumule, suivant l'usage primordial, pour thésauriser, on arrive à cette conclusion imprévue (et d'ailleurs discutée par d'autres économistes comme très exagérée), que la consommation industrielle de l'or

1. *Die Zukunft des Silbers*, p. 98.

pourrait atteindre 60 ou même 70 p. 100 de la production.

En 1886, le Dr Soetbeer comptait également, dans les principaux pays civilisés, 110 000 kilogrammes d'or employés à l'industrie sur une production de 160 000, soit 68 p. 100. Plus tard, d'après la Direction des Monnaies des États-Unis, il y aurait eu, de 1890 à 1900, une consommation annuelle de 140 000 kilogrammes, ou, en dix ans, 1 400 000 kilogrammes sur 3 000 000 de kilogrammes produits (dont 300 000 supposés venir de vieilles matières refondues) : soit 40 à 46 p. 100, suivant que l'on fait ou non intervenir ces matières refondues, dont une partie au moins était sous la forme de monnaies [1].

Sans recourir à cette dernière statistique, on pouvait prévoir que, depuis quelques années, la consommation industrielle avait dû absorber une part décroissante de la production, montée peu à peu à des chiffres tellement énormes. Cependant cette consommation augmente, elle aussi, très manifestement ; les progrès du bien-être, la démocratisation du luxe, que le commerce du diamant accuse si manifestement, en seraient un indice suffisant. Il n'est donc probablement

---

1. Dans certains livres d'économie politique, on a comparé, je ne sais pourquoi, la consommation industrielle, non à la production, mais à la frappe (très variable) des années correspondantes. Comme celle-ci a été fort considérable dans le dernier quart de siècle, on arrive ainsi à une consommation industrielle de 27 à 35 p. 100 contre 65 à 73 p. 100 pour la frappe. Quand on fait le total des chiffres correspondants, d'une part à la consommation industrielle, d'autre part à la frappe, évalués chacun de leur côté, on trouve, pour cette même période, un total singulièrement supérieur à la production accusée par les statistiques.

pas exagéré de compter sur une consommation industrielle équivalant, année moyenne, à 50 p. 100, ou au moins 40 p. 100 de la production.

D'après un calcul qui date déjà de quelques années, mais qui, ne pouvant avoir d'autre but que de fixer des ordres de grandeur, n'a pas de raison spéciale pour être devenu beaucoup plus approximatif qu'il ne l'était, on répartirait de la manière suivante la production d'or annuelle, en réduisant plutôt la part des emplois industriels au-dessous de la réalité :

$$
\text{Industrie :}
\begin{cases}
\text{Bijoux} \dots\dots\dots\dots\dots & 24 \\
\text{Boîtiers de montres} \dots\dots & 10 \\
\text{Métal en feuilles} \dots\dots\dots & 2,25 \\
\text{Chaines de montres} \dots\dots & 1,75 \\
\text{Vaisselle} \dots\dots\dots\dots & 0,75 \\
\text{Divers, plumes, dentistes,} & \\
\quad\text{produits chimiques, etc.} & 1,25
\end{cases}
\Bigg\} \; 40 \text{ p. 100}
$$

Monnayage.................................... 44 —
Exportation en Orient et perte............... 16 —
                                           ———
                                           100

Nous reviendrons bientôt sur la proportion admise ici pour les emplois monétaires et je discuterai alors le coefficient de 44 p. 100 qui vient d'être donné; mais il faut encore, avant de quitter les applications industrielles de l'or, dire un mot d'une cause naturelle qui intervient, dans le même sens que celles-ci, pour réduire le stock aurifère du monde : l'usure, l'altération et la perte de l'or.

L'usure de l'or, quand il s'agit des monnaies, porte le nom technique de *frai*. Ce frai, auquel on ne pense pas toujours quand on ne s'occupe pas spécialement de banque, de change ou de monnaie, est très loin d'être négligeable. On a pu le constater en France après la période de 1880 à 1885, où la frappe de l'or avait été complètement suspendue, l'abondance de l'or en circulation étant suffisante et celle de 1886 à 1894, où cette frappe était restée très faible. Des expériences faites en 1895 ont montré que le poids moyen de 155 pièces de 20 francs, qui devrait être de 1 kil. au poids droit, avait baissé à 996,6, dont 1/2 gramme de perte aux 1 000 grammes rien que pour les quatre dernières années, ou 1 p. 1000 en huit ans. On a de même constaté qu'une pièce de 5 francs en argent perd, en moyenne, 4 milligrammes par an ou 0,16 p. 1 000 de sa valeur.

§ 4. — La monnaie d'or et le bimétallisme. — Proportion de l'or employé comme monnaie. — Les systèmes de circulation fiduciaire. — Les stocks monétaires.

L'un des principaux emplois de l'or est la monnaie. L'or, associé d'ordinaire avec le cuivre dans la proportion de 900 à 100, est frappé dans les hôtels des monnaies et circule avec une estampille légale, qui garantit son titre. Il est l'instrument habituel, sinon nécessaire, de tous les échanges internationaux.

Proportion de l'emploi monétaire. — Dans quelle mesure l'usage monétaire absorbe-t-il la production annuelle de l'or? Cette proportion, que nous venons d'évaluer très approximativement à 44 p. 100 et que divers auteurs portent à 60 ou 70 p. 100, pourrait, semble-t-il, aller à 100 p. 100 si le public y trou-

vait avantage par suite d'une dépréciation immédiatement sensible des lingots d'or, puisque, dans la
plupart des grands pays, la frappe de l'or est actuellement libre et illimitée. Mais, en réalité, il en est de
cet emploi un peu spécial comme de tous les autres,
auxquels peut se prêter une marchandise quelconque.
Ces emplois se concurrencent entre eux; il s'établit
une compétition, où chacun d'eux est disposé à payer
un prix déterminé qui lui paraît correspondre aux
avantages qu'il espère. Le prix de la marchandise
monte ou descend suivant que ces usages sont plus
ou moins nombreux et leurs besoins plus ou moins
intenses. S'il tend à monter, certaines applications
se réduisent ou disparaissent; inversement il s'en crée
de nouvelles, si le prix descend et, finalement, la marchandise se partage entre ses divers emplois, suivant
une proportion directement régie par un ensemble de
lois naturelles. Le partage ne se fait pas différemment
lorsque l'application monétaire se trouve, comme
dans le cas de l'or, en compétition avec des emplois
industriels, bien que la variation du prix, quand il
s'agit de la monnaie d'or, se fasse seulement sentir
indirectement et avec un certain retard dû à l'inertie.

C'est ainsi que, suivant les époques, la proportion
de l'or appliquée, d'une part à la monnaie, de l'autre
à l'ensemble des usages industriels, peut varier très
sensiblement, comme le font les proportions respec-
tives des divers emplois industriels entre eux. Une
époque semblable à la nôtre, où tous les pays
adoptent successivement l'étalon d'or en excluant son
antique compagnon l'argent, représente évidemment

un exemple d'emplois monétaires anormaux. Si, par contre, on venait à suspendre la frappe dans les principaux pays à la suite d'un afflux d'or trop intense, comme celui qui s'était produit de 1850 à 1860, l'anomalie se retournerait en sens inverse. Nous avons tout à l'heure admis un chiffre moyen de 44 p. 100 pour les emplois monétaires. Ce chiffre, d'après l'observation précédente, ne correspond à rien de fixe, mais seulement à une moyenne approximative pour le dernier demi-siècle. Il est très inférieur à celui qu'admettent de nombreux économistes et l'on parle beaucoup plus souvent de 70 p. 100 : ce qui montre dans quelle mesure les opinions à ce sujet peuvent varier et combien on est mal renseigné en définitive.

Il est, en effet, deux manières immédiates de le déterminer, qui conduisent à des résultats totalement différents, par suite d'erreurs ainsi décelées dans les statistiques sur lesquelles nous raisonnons[1]. On peut, comme nous l'avons fait tout à l'heure, estimer les usages industriels, les réduire dans une proportion quelque peu arbitraire pour tenir compte de ce cercle vicieux dans lequel on tourne nécessairement et, connaissant ou croyant connaître la production d'or mondiale, calculer la monnaie par différence. On peut, inversement, partir de la frappe réelle, la comparer au même chiffre de production et évaluer les emplois industriels par différence. Les résultats sont discor-

---

1. On pourrait encore, semble-t-il, apprécier directement les emplois industriels et la frappe et rectifier les chiffres de production admis en faisant la somme. Mais on tomberait alors dans une erreur d'un autre genre et encore plus grave en négligeant les doubles emplois, les refusions, etc.

dants parce qu'en fait, comme on s'en rend compte aisément, la somme des chiffres relatifs à l'industrie et à la monnaie, estimés chacun de leur côté, donne un total très supérieur à la production admise.

A première vue, en face de cette difficulté, il semblerait plus logique de prendre comme point de départ la frappe monétaire, dont le chiffre est seul très précisément connu, plutôt que les emplois industriels, pour lesquels il entre une forte part d'hypothèse. Mais, tandis que ces emplois industriels sont livrés à leur évolution naturelle et représentent, sinon une constante, du moins une variable liée par une fonction continue, les applications monétaires restent à la merci d'une loi, d'un décret, d'une mesure politique, qui les modifient du tout au tout. On n'est jamais sûr, avec eux, de ne pas tomber sur une période exceptionnelle. Il faudrait alors une période suffisamment longue pour établir réellement une moyenne, une période d'un siècle par exemple et, même en raisonnant sur le siècle entier, on arrive encore, comme nous allons le voir, à des impossibilités.

De 1817 à 1850, par exemple, on admet que l'Angleterre, à elle seule, a absorbé, pour entretenir ou augmenter son stock monétaire, plus que la production mondiale annuelle. Puis est venue une période de très grosse production aurifère avec la découverte de la Californie et de l'Australie. Mais, quand nous reprenons la période de quatorze ans, de 1877 à 1892, nous voyons encore que l'on a frappé, dans les divers pays, pour 9 milliards d'or, contre une production totale de 8 milliards en chiffres ronds.

Il en est encore de même, à un degré moindre, si l'on envisage la période plus longue de 1873 à 1904, qui comprend cependant nos grandes extractions d'or récentes. La frappe monétaire de l'or dans le monde pour cette dernière période est estimée, dans les rapports du Directeur de la Monnaie aux États-Unis, à environ 34,26 milliards, en tenant compte autant que possible de la refrappe qui s'applique toujours à une certaine quantité de pièces anciennes. La production, pendant la même période, a été seulement de 9 295 000 kilogr., ou un peu plus de 30 milliards.

Cette frappe se répartit de la façon suivante entre les divers pays (chiffres bruts sans tenir compte de la refrappe) :

États-Unis [1]	9 220
Russie	5 569
Australasie	4 900
Allemagne	4 506
Grande Bretagne	3 740
France	2 152
Autriche-Hongrie	1 520
Espagne	1 100
Japon	924
Belgique	364
Scandinavie	286
États de l'Amérique du Sud	236
Italie	218
Hollande	182
Mexique	98
Portugal	19
Égypte	14
Indes Britanniques	6
Total brut	35 316

1. Aux États-Unis le total a été, de 1793 à 1904, de 2 630 858 645 dollars. Le dollar d'or vaut 5 fr. 18.

De 1895, époque où les frappes d'or ont recommencé à la

Par conséquent, ces deux périodes, de trente-trois et trente-deux ans chacune (1817-1850 et 1873-1904), qu'on aurait pu croire déjà d'une durée suffisante pour donner une moyenne, conduisent à un résultat d'apparence tout à fait paradoxale : la consommation (en tenant compte des usages industriels) supérieure au moins d'un tiers, peut-être de moitié, à la production.

Le paradoxe s'atténue mais subsiste encore si l'on tient compte, en outre, de la période intermédiaire. Celle-ci est celle qui a succédé à la découverte de la Californie et de l'Australie, pendant laquelle la production d'or a été, au contraire, un moment surabondante et où la frappe d'or a été bientôt ralentie ou supprimée dans plusieurs pays.

Malgré la baisse notable qui en résulte pour la frappe du siècle, année moyenne, il n'en est pas moins vrai que, s'il fallait accepter comme exactes les diverses statistiques de la production et de la consommation, on aurait eu, au cours du XIXᵉ siècle, une absorption monétaire de l'or antérieurement accumulé par l'industrie et la thésaurisation : la production n'ayant pas suffi à couvrir l'augmentation nécessaire du numéraire.

En réalité, les productions d'or doivent être notablement supérieures à celles qu'accusent les statistiques ; et, pour les divers chapitres de consommation, il doit se produire un mouvement circulaire,

Monnaie de Paris jusqu'à la fin de 1905, la quantité d'or en lingots frappée à Paris (frappe totale moins les refontes) n'a pas été moindre de 1 059 millions.

qui fait repasser plusieurs fois, dans les calculs, les mêmes métaux précieux : l'or des monnaies étant utilisé par les orfèvres toutes les fois qu'ils y trouvent plus de commodité ou, systématiquement, quand la perte résultant des frais de fabrication se trouve compensée par une teneur en or un peu trop forte (comme cela arrivait fréquemment dans les monnaies anciennes); et les bijoux, ou objets dorés, étant à leur tour refondus pour passer à la frappe.

Nous reviendrons encore sur cette question quand nous parlerons des fluctuations dans la valeur de l'or : celles-ci étant évidemment provoquées par une relation changeante entre les deux chiffres de la production et de la consommation, ce dernier représenté par la somme des emplois industriels et de la monnaie. Mais auparavant il faut insister sur le rôle monétaire de l'or, qui contribue, pour une si forte part, à sa consommation.

La disparition du bimétallisme. — L'emploi de l'or comme monnaie a été se généralisant de plus en plus avec les progrès des échanges internationaux. Ceux-ci, en se développant, ont exigé une forme de numéraire moins lourde et moins encombrante que le cuivre d'abord, puis que l'argent, avec lesquels l'or s'était trouvé au début en compétition. Par une conséquence naturelle, la valeur de l'or relativement à l'argent s'est accrue. Au commencement du XVIe siècle, l'or valait 11 fois le prix de l'argent; à la fin du XVIIIe siècle, le rapport s'est établi à 15 1/2; actuellement il est, malgré une production d'or de 2 milliards, compris entre 33 et 35. Au début du XIXᵉ siècle, l'Angleterre seule possédait assez d'or pour pouvoir baser, sur ce métal, son système monétaire et, quand l'or a commencé à apparaître dans les campagnes françaises vers 1850, on l'y regardait encore avec une certaine méfiance, tant on le connaissait peu. Aujourd'hui l'étalon d'or est, en droit ou en fait, à peu près généralisé et, sauf dans quelques pays de l'Amérique du Sud ou de l'Extrême-Orient, la monnaie d'argent est réduite au rôle d'appoint comme la monnaie de cuivre ou de nickel. On a à peu près partout abandonné le système, dit *bimétallique*, qui consistait à instituer un rapport légal entre la valeur de l'or et de l'argent, en autorisant les particuliers à faire frapper l'argent comme l'or jusqu'à concurrence d'un poids fixé par la loi ; ou du moins, dans les pays qui l'ont conservé théoriquement comme la France, on a supprimé pratiquement la frappe libre de l'argent.

Il est inutile de revenir sur les détails de cette évolution achevée : quelques dates suffiront.

Après l'Angleterre, où l'étalon d'or existait depuis 1816, et quelques pays secondaires comme le Brésil (1849), le Portugal (1854), l'Uruguay (1865), le premier des grands pays qui soit entré résolument dans cette voie, est l'Allemagne, au moment de son unification. La circonstance était favorable : il fallait, en tout cas, réaliser l'unité monétaire du pays, où avaient circulé jusque-là 66 coupures différentes de monnaies d'argent et 17 de monnaies d'or. On profita de ce que l'argent était encore aux environs du pair et de ce que la France était obligée de faire des remises énormes en payant son indemnité de guerre,

pour instituer l'étalon d'or par les deux lois du
4 décembre 1871 et du 9 juillet 1873. Le résultat
presque immédiat fut d'amener l'Union Latine à
limiter dès 1873, à suspendre absolument dès 1878
l'émission des pièces de cinq francs. En même temps,
les États Scandinaves et les Pays-Bas prenaient des
mesures analogues (1873 et 1877); puis les États-Unis
limitèrent le monnayage des dollars (1893 et 1898);
l'Espagne interdit la frappe des pièces de 5 pesetas
(1901); le Mexique enfin supprima la frappe libre des
piastres (1905)[1]. Dans l'intervalle, l'étalon d'or avait
été adopté, notamment, en 1892 par l'Autriche-Hon-
grie, en 1897 par le Japon, en 1899 par la Russie, etc.
De 1893 à 1899, l'Inde Anglaise est passée du mono-
métallisme-argent à une forme de bimétallisme, qui
lui a procuré le pair du change avec l'Angleterre, tout
en lui laissant comme monnaie principale la roupie
d'argent, à laquelle le peuple était accoutumé. Une
combinaison analogue, destinée à amener par transi-
tion les races d'Extrême-Orient à la monnaie d'or, a
été adoptée aux Philippines et étudiée pour la Chine
et l'Indo-Chine, où est actuellement le dernier refuge
du monométallisme argent.

Cette vieille question du bimétallisme est moins
une question théorique qu'une question pratique. Sans
s'arrêter à ce que peut présenter d'irrationnel, de compliqué et de factice cette intervention de l'État pour

---

1. En ce moment, l'argent ayant un peu remonté par rapport à
l'or, il se trouve que le Mexique, puis d'autres États de l'Amérique du Sud ont été obligés de se défendre contre un exode de
l'argent par un droit d'exportation, avec limitation de la quantité d'argent que peut emporter sur lui chaque voyageur.

déterminer le cours d'un métal précieux par rapport à l'autre, les bimétallistes ont fait longtemps valoir l'impossibilité de fournir à la consommation moné-taire avec un seul métal, la disette de numéraire qui en résultait et, par suite, l'avilissement des prix causé par une hausse de la monnaie.

En fait, et contrairement aux principes générale-ment admis, il semble, comme nous allons le voir, que, même dans une période géopraphiquement et indus-triellement anormale comme la nôtre, où la produc-tion de l'or va atteindre un maximum peut-être diffi-cile à retrouver dans la suite, la quantité d'or fournie à la circulation soit néanmoins plutôt insuffisante et comporte un état presque stationnaire, sinon une hausse de sa valeur. A plus forte raison ce phéno-mène devrait-il se manifester si cette production, comme on peut s'y attendre dans une trentaine d'an-nées, venait à se ralentir. Et, en cela, on pourrait être tenté de donner raison aux bimétallistes, s'il était bien démontré, d'une part, que les besoins d'or reste-ront toujours aussi intenses et si, d'autre part, avec la généralisation de l'or comme monnaie, on voyait un inconvénient tellement grave à ce que sa valeur augmentât, les relations de toutes les autres mar-chandises entre elles dans le monde entier n'en étant pas influencées.

La circulation fiduciaire. — Si l'or était un jour moins demandé, on pourrait rentrer dans la loi de sa dépréciation progressive par l'accroissement des stocks, qui fait habituellement partie du catéchisme économique. Cette hypothèse n'a rien d'invraisem-

blable; on verra sans doute un temps où les premiers
besoins des pays nouvellement entrés dans notre forme
de civilisation s'apaiseront et où, de plus, on tirera un
meilleur parti du numéraire disponible en le faisant
circuler davantage et plus vite, en utilisant mieux
les autres formes de crédit. Il y a, au fond, quelque
chose d'un peu singulier à manquer d'or pour les
besoins commerciaux, alors qu'il s'en immobilise
inutilement des milliards dans les caves des banques.
Assurément ces milliards sont le gage des billets qui
remplacent l'or dans la circulation; mais le billet de
banque, gagé en or, auquel on a été longtemps à s'ac-
coutumer et qui date à peine d'un siècle, est déjà une
forme de monnaie fiduciaire un peu archaïque; et il
existe bien d'autres moyens de compenser les mouvements d'achat et de vente en évitant ces frac-
tionnements, pour lesquels la monnaie est surtout
nécessaire, et les remplaçant par de simples jeux
d'écritures.

Que l'on imagine, pour préciser, tous les habitants
d'un pays ayant un compte-courant dans le même
établissement de crédit. Tous les achats, les ventes
qu'ils pourront opérer entre eux se traduiront uniquement par des inscriptions à leurs comptes courants débiteurs et créditeurs. Le médecin touchera
ses honoraires par un chèque encaissé à son compte,
et réglera, par des chèques dont on débitera le même
compte, son tailleur ou son boulanger. Le système
peut très aisément s'étendre aux opérations internationales, sauf à employer l'or ou les billets de banque
pour régler la balance.

Ce n'est pas là une hypothèse fantaisiste et de réalisation en tout cas très lointaine. Des expériences faciles à faire ont eu lieu à diverses dates pour apprécier, à un jour déterminé, la proportion de billets et de métal employée dans toutes les banques de France et d'Algérie. On a ainsi constaté qu'en six ans, de 1885 à 1891, le rapport des billets au métal avait passé de 2/1 environ à 4/1 : cette proportion des billets dans le total des payements allant finalement de 45 p. 100 pour les départements éloignés du centre à 95,50 p. 100 pour la Banque de France. Ceci est pour le premier échelon déjà franchi, celui du billet de banque. Celui du chèque, plus récent en France, bien que depuis longtemps développé dans les pays anglo-saxons, a fait également des progrès considérables avec l'extension prise par quelques grands établissements de crédit comme le Crédit lyonnais, la Société générale, le Comptoir d'escompte, etc., dont les succursales se multiplient dans toutes les villes. Si des mesures législatives inconsidérées ne viennent pas paralyser momentanément cet essor, le temps n'est pas très éloigné où l'usage courant du chèque aura pénétré jusque dans les campagnes, rendant de moins en moins nécessaire l'accumulation de ces tas d'or que l'on considérait jadis comme l'expression suprême de la richesse et qui n'en sont que l'enfouissement.

Les dépôts et comptes courants créditeurs des grandes sociétés de crédit françaises se sont élevés, entre 1897 et 1904, de 2,66 milliards à 4,36. Aux États-Unis, de 1889 à 1904, les dépôts privés ont passé (banques nationales, banques privées, banques d'épargne, etc.), de 19 à 52 milliards. Les payements par chèques montent là à 80 p. 100 du total. En Angleterre, Irlande et Écosse, où l'usage du chèque date du temps de la République, on avait atteint, en 1901, 20 milliards au lieu de 13 en 1880. Dès 1887, les payements par chèques représentaient, dans les banques, près de 70 p. 100, contre 30 p. 100 pour les billets et le numéraire réunis. La Chambre de compensation, ou *Clearing house*, qui y centralise chaque soir les feuilles de débit et de crédit des diverses banques associées et qui, en 1891, a fait pour 234 milliards de liquidation sans déplacer un penny, y joue à peu près le rôle de l'établissement de crédit unique que je supposais tout à l'heure...

La survie de l'or. — Voyons maintenant ce que devient l'or incessamment obtenu par les mineurs et dont une proportion notable est, chaque année, frappée en monnaies, afin de nous rendre compte si la pérennité généralement attribuée au métal précieux ne suffit pas pour assurer d'avance la monnaie nécessaire à tous nos besoins futurs.

Qu'il ait été utilisé par les orfèvres, les doreurs, ou monnayé, il semble, à première vue, que tout cet or extrait de terre s'accumule dans les réserves visibles ou cachées de l'humanité et accroisse d'autant son stock disponible. On a même fait de cette observation la base d'une théorie, d'après laquelle l'or, augmentant sans cesse en quantité, devrait diminuer proportionnellement en valeur : ce mouvement, qui est supposé se poursuivre continûment, passant par certains moments d'accélération, comme ceux qui

ont suivi les grandes découvertes des XVIe et XIXe
siècles.

Il y a du vrai dans cette observation et il est certain que l'or ne se trouve pas dans le cas ordinaire d'un métal vulgaire comme le fer, pour lequel la production de l'année courante, ou des années immédiatement précédentes, détermine presque exclusivement le prix. L'or doit à son inaltérabilité et à la facilité avec laquelle on peut le récupérer par une fusion, cette stabilité relative de valeur, qui a beaucoup contribué à le faire prendre comme monnaie. Mais il serait très inexact de croire que tout l'or extrait chaque année vient, intégralement, et sans qu'il s'en perde autre chose que des quantités insignifiantes, s'ajouter au stock antérieurement accumulé. Tout d'abord l'or s'use plus qu'on ne le pense et, réduit en poussière impalpable, disparaît à jamais de la circulation. Prenons simplement le frai des monnaies, qui sont particulièrement bien protégées contre l'usure par leur alliage et contre la perte définitive par les conditions de leur emploi ; nous avons vu que, par kilogramme, le frai était de 1/2 gramme en quatre ans, soit, pour chaque période de huit ans, 1 p. 1000. En huit mille ans, par le fait seul du frai, l'or aurait entièrement disparu. L'usure est assurément beaucoup plus forte pour tous les objets où l'or a été industriellement employé et il s'y ajoute, dans ce cas, une perte sous forme d'objets égarés, détériorés, jetés au rebut, etc., qui doit être très sensible à la longue.

En ce qui concerne les monnaies, on a quelques

moyens d'apprécier cette disparition progressive, qui tient, soit à l'usure et à la perte, soit surtout à la refusion pour les usages industriels, ou encore à la refonte systématique par les affineurs de certaines séries anciennes, dans lesquelles des procédés de fabrication défectueux avaient laissé en trop quelques dix-millièmes d'or et quelques millièmes d'argent.

Si nous nous reportons au commencement de l'ère moderne, on estime qu'il ne restait pas, en Europe, plus de 400 millions d'or. Quelque exagérées que puissent être les estimations des auteurs anciens, c'est évidemment une fraction très infime de l'or extrait et monnayé jusque-là. De 1500 à 1848, on a extrait 15,9 milliards ; de 1848 à 1907, plus de 46,6 milliards. En laissant de côté tout l'or obtenu pendant l'antiquité et disparu (peut-être pour reparaître en partie un jour), on devrait donc disposer de 62,5 milliards d'or. Sur ces 62,5 milliards, on n'en retrouve certainement pas 30 (ou la moitié) à l'état de monnaies, tandis que, de 1873 à 1904 seulement, on a frappé plus de 34 milliards d'or nouveau. Une dizaine de milliards dorment dans les caves de nos grandes banques ; c'est probablement forcer beaucoup les chiffres, comme nous allons le voir, que d'en supposer 20 milliards dispersés dans le public. Le reste, soit la moitié de la production officiellement enregistrée, a passé aux usages industriels ou s'est perdu.

En France, on a frappé exactement, de 1795 à 1901, pour 9,670 millions de monnaies d'or, ramenées à 9,396 par les refontes légales. Sur ces 9,4 milliards, on n'en a pas retrouvé plus de 3,6, soit 38 p. 100, par les procédés ingénieux que nous allons indiquer[1].

On peut, en effet, se proposer d'apprécier, pour une émission déterminée de monnaies d'or, ce qu'on a appelé son « taux comparatif de survie » au bout de quelques années. Le procédé, appliqué par M. de Foville en 1885, 1891 et 1897, a toujours donné des résultats remarquablement concordants : ce qui montre l'exactitude de son principe. Voici en quoi il consiste.

Sachant à combien est montée chacune des émissions monétaires successives, on fait, à une même date, classer par nationalités et millésimes toutes les pièces d'or qui se trouvent dans nos 20 000 caisses publiques. Si l'on admet, dans l'hypothèse la plus favorable, que la dernière émission faite existe encore tout entière dans les mains du public et représente 100 p. 100 de l'émission et si l'on en trouve, au contraire, 2,70 p. 100 dans les caisses (31 276 sur une émission de 11 652 857 pièces), le coefficient qui relie la quantité de monnaies rencontrées dans les caisses publiques, à la quantité totale supposée encore réellement existante s'obtient en divisant 100 par 2,70 : soit 37. Il doit exister réellement 37 fois plus de pièces de cette émission qu'on n'en a compté dans les caisses. On admet alors approximativement que le même coefficient peut être appliqué à toutes les

1. Actuellement (1907), la frappe est particulièrement active et n'arrive pas à alimenter la circulation. On s'est demandé si cela ne tiendrait pas à ce que chacun, devant les menaces socialistes, cherche plus ou moins à se constituer une réserve d'or, à reformer l'antique bas de laine, pour un cas de besoin urgent.

émissions antérieures et, en multipliant par 37 le rapport obtenu entre l'émission et le nombre compté dans les caisses, ou coefficient de survie, on calcule la proportion maxima de pièces du même type pouvant encore exister dans la circulation.

On a vu, par exemple, ainsi, en 1878, qu'il pouvait rester 30 à 37 p. 100 des émissions postérieures à 1830, 15 p. 100 des émissions comprises entre 1826 et 1829, 7,5 p. 100 des émissions comprises entre 1797 et 1825. 92,5 p. 100 de l'or monnayé il y a seulement trois quarts de siècle a donc disparu.

Le même procédé a été employé pour calculer la circulation totale de l'or en France d'après l'or possédé à une date déterminée par les caisses publiques, en multipliant ce dernier chiffre par le coefficient de 37 obtenu dans l'expérience précédente. C'est ainsi qu'on est arrivé, en 1891, à admettre, pour la circulation de l'or en France, un chiffre de 3 milliards, comprenant 35 p. 100 des pièces d'or frappées en France depuis 1803, 50 p. 100 des pièces belges, 37 p. 100 des pièces italiennes, 33 p. 100 des pièces autrichiennes, etc. Sur ces 3 milliards, 1 364 millions étaient alors à la Banque de France et le reste entre les mains du public.

Un peu plus tard, à la date du 1er janvier 1895, l'encaisse or des seules grandes banques nationales montait au total, dans les divers pays du monde, à 9 576 millions, dont 2 100 en France, 2 373 en Russie, 985 aux États-Unis, 887 en Allemagne, 827 en Angleterre, etc. On estimait, à la même date, le stock monétaire du monde entier entre 20 et 25 milliards.

En 1897, on est arrivé, par la même méthode, à 4,2 milliards de francs d'or, dont 3,67 de monnaies françaises, pour la circulation monétaire de la France : soit 1,2 milliard de plus que six ans auparavant, en 1891.

Actuellement (1907) l'on admet, pour la France seule, environ 4,5 milliards, dont 2 500 à 2 900 à la Banque. En Angleterre, la quantité de métal est beaucoup moindre malgré un chiffre d'affaires bien plus considérable : seulement 2 600 millions d'après les évaluations les plus vraisemblables, dont 822 à la Banque d'Angleterre. Tout le système anglais de circulation est, en effet, beaucoup plus logiquement que le nôtre, mais peut-être jusqu'à l'exagération, fondé sur le chèque et sur les compensations. La Banque de l'État Russe possède 2 400 millions d'or.

§ 5. — **Le pouvoir d'achat de l'or. Fluctuations de sa valeur. — Complexité du problème. — Appréciation par le prix de la vie. — Comparaison avec les autres métaux.**

Le commerce de l'or subit, à chaque instant, des fluctuations qui ont pour effet d'attirer ce métal d'un pays à l'autre par un jeu de primes et d'escompte, dont il a été déjà dit quelques mots. Dans tel pays, l'or est plus ou moins demandé, plus ou moins rare et vaut plus ou moins cher. Comme toute marchandise, l'or augmente de prix quand la demande devient supérieure à l'offre. Arrivés à un certain degré de généralité et de permanence, ces mouve-

ments commerciaux, qui avaient commencé par se
manifester sous la forme passagère et d'ordinaire
assez limitée du change, de l'escompte et de la prime,
finissent par produire un effet plus sérieux et plus
durable. L'or augmentant ou diminuant sensiblement de valeur, son pouvoir d'achat s'accroît ou
diminue, soit dans un pays déterminé dont les
finances seront plus ou moins prospères, soit pour
l'ensemble des pays par un phénomène général, et le
prix de toutes les marchandises se modifie en conséquence. On a une période de vie à bon marché ou de
vie coûteuse, avec toutes les conséquences sociales
qui en résultent.

Ainsi que j'ai déjà eu l'occasion de le dire, le
choix de l'or comme monnaie a réduit au minimum
un inconvénient, qui aurait été singulièrement plus
grave si l'on avait pris l'habitude d'évaluer les prix
de toutes choses par rapport à une autre substance
plus altérable, sur laquelle, par conséquent, l'effet
d'une production annuelle un peu plus forte ou plus
faible agirait directement. Pour l'or, les gros stocks
accumulés font l'office de régulateurs; ils atténuent
les effets des mouvements momentanés et oscilla-
toires; mais ils ne peuvent empêcher les mouvements continus de se faire sentir à la longue. Quand
on produit trop peu d'or pour les besoins universels,
il est fatal que le prix de l'or monte partout, comme
il le fait, plus localement, dans les pays à change
déprécié, à finances avariées, qui ont à acquitter au
dehors de gros payements en or et ne peuvent arriver
à se procurer celui-ci. Quand il y a surproduction

d'or, le prix de l'or ne saurait, au contraire, manquer de s'abaisser.

Ces changements de valeur de l'or, qui sont théoriquement incontestables, sont pratiquement fort difficiles à apprécier et surtout à distinguer de tous les autres phénomènes économiques, qui influent parallèlement à eux, dans le même sens ou en sens inverse, et avec lesquels ils se mêlent en un réseau presque inextricable. Quelques économistes ont eu une tendance exagérée à considérer le prix de l'or comme le seul, ou du moins l'essentiel facteur des mouvements généraux constatés dans les prix des matières premières. C'est oublier le côté technique, industriel, scientifique, géologique, de la question, sur lequel je vais bientôt insister. On part d'une idée très fausse si l'on s'imagine que le prix de revient des matières fabriquées ou naturelles est seulement ou presque seulement fonction de la monnaie avec laquelle on les paye, et d'autres considérations économiques priment celle-là de beaucoup.

Complexité du problème. — Les progrès actuels et continus de la fabrication sont incontestables, ils sont généraux, ils agissent sur toutes les industries dans le même sens pendant les périodes de grande activité intellectuelle, de forte concurrence industrielle et, par conséquent, de progrès journalier, comme la nôtre. Les facilités croissantes des transports contribuent au même résultat, une fois la production mise à la hauteur d'une consommation plus généralisée, et il y a là, par conséquent, deux raisons importantes pour que les prix des matières fabriquées s'abaissent, sans que le pouvoir d'achat de l'or ait augmenté.

L'évolution sociale est également un facteur général et de premier ordre, qui se fait sentir en sens contraire. La transformation démocratique, si manifeste dans le monde entier, a pour effet d'augmenter le prix de la main-d'œuvre (qui a doublé de 1840 à 1893); elle accroît par conséquent le prix de fabrication, donc le prix des objets fabriqués, amenant ainsi un rehaussement des frais de la vie, dont l'ouvrier supporte le poids à son tour et qui l'incite d'autant plus à réclamer de nouvelles élévations de salaire. Elle entraîne, en outre, un développement du bien-être et même du luxe, qui multiplie les demandes d'objets divers et tend aussi à augmenter leurs prix.

Enfin la population humaine grandit sans cesse et sa demande croissante amène fatalement un relèvement de prix pour toutes les substances qu'on ne peut produire en quantités illimitées. Il y a, pour celles-ci, « concurrence vitale ».

Voilà donc des influences très générales, qui contrebalancent partiellement l'effet des premières sans qu'il soit possible, ni pour les unes ni pour les autres, d'apprécier exactement dans quelle proportion.

Il en résulte, depuis une trentaine d'années, indépendamment de toute action exercée par le pouvoir d'achat de l'or, deux faits économiquement très nets : 1° la diminution des produits fabriqués, toutes les fois que le rôle de la main-d'œuvre y est faible et que l'ingéniosité de la mécanique, de la physique ou

de la chimie intervient; 2° l'augmentation de la
main-d'œuvre, entraînant un accroissement correspondant de prix (sans plus de bénéfice pour le producteur) partout où cette main-d'œuvre a une part
essentielle. Dans les deux cas, comme l'a fait remarquer M. Leroy-Beaulieu, le facteur prédominant est
l'augmentation du pouvoir de l'homme sur la nature :
la part de profit réservée à l'effort humain devenant
d'autant plus forte que cet effort tend à être plus
fructueux.

Toujours indépendamment de la question de l'or,
on aperçoit encore aussitôt l'intervention d'autres
facteurs plus particuliers et plus momentanés :
par exemple, de nos jours, la transformation des
anciennes formes d'énergie, fondées sur l'emploi de
la houille, en énergies électriques utilisant de plus en
plus la « houille blanche », la centralisation croissante des usines où l'on produit la force. C'est la
création, dans les campagnes et les villages, d'industries et d'usines fournissent l'éclairage, la force
motrice, etc. C'est, pour les grandes usines anciennes,
le renouvellement de leur outillage, afin de lui donner
une forme plus moderne, en utilisant l'électricité.
D'où travail considérable pour de nombreuses bran-
ches d'industrie, métallurgie, mines, etc.; d'où, tout
particulièrement, la hausse énorme à laquelle nous
venons d'assister pour le cuivre et le plomb, les
deux métaux les plus employés en électricité, ceux-ci
entraînant à leur tour tous les autres. D'où une
ère de spéculation intense, pendant laquelle les
bénéfices réalisés sur quelques valeurs cuprifères

ou minières ont contribué à faire monter, d'une façon plus générale, tous les cours de Bourse, amené des besoins de capitaux inusités, augmenté par conséquent le loyer de l'argent, tandis qu'il se produisait cependant, en même temps, une hausse sur tous les prix.

De même, l'effet d'une grande guerre, avec sa liquidation, avec les réfections de matériel qui en sont la conséquence, non seulement pour les pays intéressés, mais aussi pour tous les autres obligés d'utiliser l'enseignement résultant de la dernière campagne, déterminent toujours un mouvement d'affaires, qui se traduit par la hausse simultanée de l'or et des marchandises les plus diverses : la première n'étant pas, comme on aurait pu le penser dans une théorie trop simpliste, contradictoire de la seconde.

On a, enfin, depuis longtemps, constaté les oscillations périodiques des ères de prospérité, de crise et de liquidation, sur lesquelles la production plus ou moins grande de l'or et sa valeur diminuée ou accrue, n'exercent qu'une influence assez faible et indirecte.

Mais il faut, de plus, penser aux transformations réalisées dans l'industrie extractive de l'or elle-même. Les facilités plus grandes pour tirer l'or de la Terre diminuent son prix de revient, estimé par rapport au pouvoir d'achat des stocks d'or antérieurs. Ils contribuent donc à accroître sa production, comme cela aurait lieu, en pareil cas, pour toute autre substance, en permettant l'exploitation intensive des anciens gisements ou la mise en valeur de gisements nouveaux et amenant à y utiliser des quantités considérables de minerais jusque-là rejetés et perdus comme stériles. C'est un ordre d'idées sur lequel j'ai déjà insisté à diverses reprises. L'accroissement de la production qui en résulte peut, tout au moins théoriquement, comme dans le cas d'une marchandise quelconque, aboutir, par une offre plus abondante de métal, à un certain équilibre, mais après avoir déterminé des fluctuations, dont le prix général de la vie ne saurait déceler la loi.

Pour toutes ces raisons, le problème qui consiste à apprécier les oscillations de la valeur de l'or et sa raréfaction ou sa pléthore est des plus difficiles. Si l'on s'en tenait à la doctrine courante des économistes, on admettrait qu'il s'est manifesté une baisse notable de l'or progressivement et continûment : baisse entraînant un enchérissement général de la vie, qui constitue également, à tort ou à raison, un préjugé très enraciné. Le fait est si bien admis et semble si évident qu'en le discutant pour ce qui concerne le XIXe siècle, j'aurai sans doute l'air de soutenir un paradoxe. Néanmoins, nous verrons, en abordant le problème par diverses voies, que l'opinion courante est fort peu démontrée, si elle n'est pas même, comme nous aurons une tendance à le supposer, tout à fait inexacte. Le raisonnement des économistes est très contestable dans son principe et, pour ce qui est de la comparaison vulgaire entre le présent et le passé, le « bon marché » d'autrefois est peut-être, en partie, à ranger avec ces printemps exceptionnels et maintenant disparus, dont on bénéficiait, dit-on, au

temps de Louis-Philippe, avec les « fidèles serviteurs »
du temps de Mascarille et de Crispin, avec les mer-
veilles de tous genres que les vieillards se rappe-
laient, dès le temps d'Horace, avoir rencontrées dans
leur jeunesse. Certains chapitres de dépenses ont
augmenté, d'autres ont diminué, on ne voit que les
premiers et, pour les uns comme pour les autres, contrairement à la doctrine classique des économistes,
l'influence du prix de l'or peut ne jouer qu'un rôle
très secondaire, masqué et dénaturé par une foule
d'autres circonstances plus directement actives.

Cela ne veut pas dire, bien entendu, que le pouvoir
d'achat de l'or soit invariable, je l'ai remarqué dès le
début, et l'on ne saurait même soutenir qu'il n'ait
pas baissé en moyenne depuis cent ans, avec des
moments d'accélération dans la chute, comme celui
qui a marqué la période de 1850 à 1870. Mais le phénomène est infiniment moins net, moins constant et
moins nécessairement destiné à s'accentuer dans
l'avenir qu'on ne le croit d'habitude. Il est nécessaire
d'y regarder de très près avant de rien affirmer. Il
faut arriver à se dégager de toutes les influences
extrêmement complexes, que les progrès de la science
et de l'industrie, l'essor de la colonisation, la transformation des relations internationales, l'évolution
des sociétés, les crises alternantes de prospérité et de
marasme, ou même, temporairement, les influences
législatives peuvent introduire. Et, quand on s'est
livré à cette étude, on n'est plus bien sûr que la seule
addition annuelle d'un certain stock d'or nouveau au
stock antérieur doive mécaniquement, automatique-

ment, comme on l'a souvent soutenu, amener une baisse de l'or, un renchérissement de la vie, une diminution de l'intérêt.

Si le raisonnement classique était aussi irréfutable qu'il peut le paraître d'abord, on doit remarquer qu'il s'appliquerait également, dans une mesure moindre, à la plupart des autres métaux. Ceux-ci, bien que plus altérables et plus destructibles, subsistent pourtant en partie après un premier emploi, qui les laisse disponibles pour un emploi nouveau ; on refond du vieux platine, du vieux cuivre, du vieil étain, du vieux plomb et même du vieux fer comme du vieil or. Ce qui s'en perd définitivement, réduit en poussière, volatilisé, oxydé, est relativement peu de chose et l'on pourrait alors soutenir que le prix de tous les métaux devrait, lui aussi, avoir une tendance constante à baisser. Quand un mouvement de ce genre se manifeste, c'est beaucoup plutôt par suite des progrès miniers et métallurgiques que par cette addition automatique au métal ancien du métal nouveau.

Dans le cas spécial de l'or, nous utiliserons d'abord, pour notre étude, suivant la méthode ordinairement adoptée, les variations de prix des matières courantes et de la vie [1] ; ainsi que les observations précédentes ont pu le faire prévoir et contrairement à ce qu'on croit en général, nous n'arriverons pas ainsi à quelque chose de bien concluant. Il y a eu, depuis un siècle, une baisse notable dans les matières fabriquées, que j'ai déjà signalée tout à l'heure : baisse dont les modi-

1. Page 222.

fications industrielles sont assurément la cause principale, comme, inversement, c'est à l'évolution sociale qu'il faut attribuer surtout la hausse des salaires, observée parallèlement. Dans les deux cas, on est fort embarrassé pour dire quelle influence a pu exercer le pouvoir d'achat de l'or. Si l'on envisage les matières naturelles, et surtout les aliments végétaux, pour lesquels ces deux facteurs étrangers à notre question se compensent le mieux, mais en laissant néanmoins prédominer l'intervention de la main-d'œuvre, on trouve une augmentation de prix, comme l'admet la thèse classique sur la baisse progressive et irrémédiable de l'or, mais une augmentation en réalité bien faible, surtout quand on la compare avec l'énorme extraction aurifère de notre temps. C'est à peine 30 p. 100 que l'or aurait perdu d'après ce moyen d'appréciation, tandis que son stock disponible aurait au moins quintuplé. En prenant les moyennes budgétaires, M. de Foville est arrivé de même, comme je le redirai plus loin[1], à la conclusion que, de 1825 à 1875, la valeur de l'or aurait diminué de 25 p. 100. Ce chiffre, qui est peut-être trop élevé, et pour lequel on pourrait aisément donner bien d'autres explications, ne fait pas, en tout cas, ressortir l'énorme surproduction, dont on a quelquefois parlé quand on a voulu voir, dans notre trop grande richesse actuelle en or, la cause de toutes nos misères.

J'ai essayé d'appliquer une méthode différente, qui sera exposée plus loin, en comparant l'or directe-

---

1. Page 225.

ment aux autres métaux et en lui appliquant les relations économiques que l'on peut, dans leur cas plus simple, apercevoir entre la production et le prix. Il n'y a aucune raison pour que l'or se comporte, à cet égard, différemment des autres métaux. Il est, comme eux, un métal industriel et une marchandise, dont on extrait autant que possible la quantité nécessaire, avec des alternatives périodiques où l'on produit trop, et d'autres où l'on ne produit pas assez. De même que la production se règle sans le savoir sur les besoins, on doit être amené instinctivement, fatalement, à payer l'or ce qu'il vaut, ni plus ni moins en moyenne : soit le prix qui correspond à ses emplois et à ses gisements. Notre conclusion sera que l'or partage, dans la période actuelle si spéciale de l'histoire humaine, le sort commun de la plupart des métaux et peut-être à un degré supérieur. Loin qu'il y ait surproduction et baisse sensible, il peut se manifester, — avec les énormes besoins très vite développés de l'humanité, et l'essoufflement qui gagne, en de telles périodes, la production essayant vainement de suivre la consommation, — une sorte de disette. Les choses changeront peut-être demain ; nous sommes même, selon toute apparence, au début d'un tel changement ; mais, jusqu'ici, au cours du XIX° siècle, sauf dans la période de 1850 à 1870, l'or ne semble pas avoir été surabondant ; il a plutôt manqué et il a particulièrement fait défaut, malgré l'invraisemblance apparente de l'affirmation, dans la dernière période de dix ou quinze ans, pendant laquelle cependant l'extraction a pris soudain un essor aussi vertigineux.

Comme cette théorie, je le répète, est contraire à la doctrine courante, elle a besoin d'être discutée. Rappelons donc, en premier lieu, afin d'en examiner la valeur, la méthode classique d'appréciation, qui a conduit tous les auteurs à admettre que le prix de l'or avait baissé progressivement.

Pouvoir d'achat de l'or estimé par le prix de la vie. — Le procédé consiste, on le sait, à comparer, pour diverses époques, le prix de la vie, que l'on suppose d'abord très arbitrairement constant comme valeur intrinsèque et indépendamment de sa forme de payement, à éliminer autant que possible les influences accessoires et à expliquer les modifications générales observées en définitive par les variations du prix de l'or.

Afin d'y parvenir, les uns (et c'est évidemment le système le plus logique) ont pris la « moyenne budgétaire » d'une famille, avec les parts inégales qu'y prélèvent les diverses catégories de dépenses, et ont rapproché les résultats à vingt-cinq, à cinquante ans de distance, pour un régime de vie identique. D'autres ont calculé, d'après les statistiques commerciales, la quotité des importations et des exportations par habitant. Ou encore on a employé les *index numbers* ou « nombres indicateurs » obtenus en faisant la moyenne arithmétique des prix concernant un certain nombre de marchandises réputées les plus importantes. Ou enfin on a utilisé ces *index numbers* en calculant, non plus une moyenne arithmétique, mais une moyenne proportionnelle, un coefficient ayant été attribué à chaque marchandise suivant son importance.

Par l'un ou l'autre de ces procédés, on voit, à diverses reprises, au cours du XIXᵉ siècle, se produire des mouvements généraux très nets en hausse ou en baisse : mouvements qui, pour une certaine part, peuvent être en relation avec une transformation dans les lois de la production aurifère, mais qui semblent, en général (et c'est une remarque importante à faire), n'en subir le contre-coup qu'avec des retards assez accentués.

La coïncidence la plus caractéristique et la plus fréquemment invoquée est celle qui marque la période de 1850 à 1860, consécutive aux grandes découvertes, en effet si anormales, si exceptionnelles, de la Californie et de l'Australie. On a constaté alors un rehaussement très accentué de tous les prix, au sujet duquel il faut toutefois noter que cette période a vu, en même temps, la fin des troubles révolutionnaires, presque généraux en Europe, de 1848 à 1850 et l'essor industriel directement provoqué par la liquidation de cette crise. Appréciée à cette époque par rapport à l'autre métal étalon l'argent, qui n'avait pas encore perdu son rôle monétaire, la baisse de l'or a paru alors un moment assez manifeste et même inquiétante pour que les Banques aient cru prudent de se défendre contre une invasion de métal jaune et un drainage du métal blanc.

En même temps, on a vu, de 1848 à 1858, d'après M. Levasseur, le prix du blé doubler, celui des produits naturels augmenter de 67 p. 100, celui des produits manufacturés (plus directement solidaires des progrès scientifiques et industriels) de 15 p. 100; le prix moyen de toutes les marchandises réunies s'accroître de 41 p. 100. En tenant compte de toutes les causes d'augmentation accessoires, on a cru pouvoir admettre que la baisse propre de l'or avait pu être de 20 p. 100.

Dans la période suivante jusqu'en 1873, l'extraction de l'or a progressivement diminué; coïncidant avec une extension de la civilisation blanche dans le monde entier et avec des besoins d'or nouveaux, elle aurait dû, ce semble, dans la théorie où la valeur de l'or est supposée influer par-dessus tout, amener une baisse des marchandises. Mais, sans doute, la production d'or des années antérieures n'était pas encore devenue insuffisante pour la consommation et la continuation de l'essor industriel exerçait une influence prédominante. A l'exception des produits manufacturés, pour lesquels cette baisse s'est, en effet, produite, mais par bien d'autres causes, progrès industriels, réduction des frais de transport, etc., les produits naturels ont, au contraire, continué à augmenter de prix. D'après M. de Foville, les prix de 1873, comparés à ceux d'un demi-siècle auparavant, accusent une hausse de 90 p. 100 pour les aliments d'origine animale, de 30 p. 100 pour les aliments végétaux. Cette hausse est en contradiction avec le mouvement de la production aurifère, qui apparaît ici comme un facteur secondaire, ou du moins comme un élément n'ayant pas encore eu le temps d'exercer son influence. Elle est attribuable à l'abondance des débouchés créés

par la construction des chemins de fer, avant que la
production des denrées alimentaires ait pu s'accroître
en conséquence.

Néanmoins si, dans le détail, l'influence du stock
d'or plus ou moins abondant se manifeste mal, on
croit la retrouver pour une période plus longue. En
éliminant le mieux possible les autres influences,
M. de Foville a été conduit à admettre une diminution
de 25 p. 100 dans le pouvoir d'achat de la monnaie,
entre 1825 et 1875, période pendant laquelle on avait
à peu près triplé le stock d'or antérieur, c'est-à-dire
pendant laquelle, si l'offre et la demande d'or avaient
été seules en jeu, et si la demande était restée la
même, le prix des marchandises aurait dû augmenter
à peu près de 300 p. 100.

Puis est venue la période de 1873 à 1887, marquée
par une baisse progressive des prix, cette fois con-
forme avec la stagnation ou le recul de la production
aurifère. L'or paraît avoir, à ce moment, reconquis
une grande partie de son ancien pouvoir d'achat, qu'il
avait perdu pendant les cinquante années antérieures.
Ici encore des causes très multiples ont pu intervenir. Communications faciles et progrès industriels
devraient, en principe, tendre à provoquer une baisse
du prix de la vie, seulement compensée par l'accroissement de la population humaine et les progrès de
son bien-être, si les choses suivaient leur cours normal
et naturel, sans intervention législative, sans frontières artificielles, sans barrières douanières, en prenant librement, pour la production de toute la Terre,
un équilibre de vases communicants. Tant que la

population ne sera pas devenue surabondante sur notre planète, il doit y avoir avantage, pour le prix de revient, à produire chaque substance aux points les plus favorables, pour faire de là rayonner économiquement les produits sur le monde entier, et quelque chose de ce genre a dû se manifester dans la période en question, période en somme pacifique, aux relations commerciales de plus en plus faciles et étendues. Mais il est à présumer aussi que l'or a dû, dans le même temps, devenir réellement insuffisant, surtout avec les demandes anormales causées par l'adoption presque universelle de l'étalon d'or.

A partir de 1888, la production aurifère a recommencé à monter avec une rapidité que j'ai déjà maintes fois signalée et qu'on n'avait jamais connue auparavant. Pourtant l'abaissement des prix a continué longtemps à se produire avec quelques interruptions (par exemple de 1888 à 1890), accusant une fois de plus la même discordance, au moins apparente, entre les deux phénomènes. Peut-être y a-t-il là quelque chose d'analogue à ce qui s'était passé inversement pendant la période de 1860 à 1873 et faut-il admettre que l'influence des grands mouvements de hausse ou de baisse dans la production aurifère met un certain nombre d'années à se manifester, comme l'effet des précipitations pluvieuses ou neigeuses est lent sur le régime des sources, et pour la même raison : parce qu'il faut d'abord remplir ou vider les vastes réservoirs intérieurs où se drainent et s'emmagasinent les eaux. Mais, d'autre part, on ne doit pas oublier que, par suite de la malheureuse guerre anglo-boër, l'essor réel de la production aurifère s'est trouvé retardé de cinq ans et n'a guère commencé avec l'intensité qui lui était normalement attribuable, qu'après 1900. On pourrait alors rattacher, pour une part, à cette forte production d'or, le relèvement de prix qui, d'abord peu accentué après 1898, a acquis en 1905 et 1906 toute son intensité.

En résumé, l'influence directe de la production aurifère sur les prix paraît avoir été beaucoup moins sensible que celle des progrès industriels, des changements dans les moyens de transport et des crises alternatives de spéculation financière. Cela va nous permettre d'admettre, sans trop de scepticisme, la conclusion un peu hardie à laquelle nous conduira la comparaison plus spéciale de l'or, non plus avec l'ensemble des matières naturelles et fabriquées, mais seulement avec les autres métaux qui présentent des conditions plus logiquement, plus exactement comparables à celles dans lesquelles il évolue.

Comparaison de l'or et des autres métaux. — En étudiant ainsi la production et le prix de tous les métaux, nous allons montrer d'une façon générale et, par contre-coup, pouvoir appliquer à l'or la loi économique assez curieuse, déjà indiquée plus haut en passant[1], d'après laquelle, dans les périodes d'activité industrielle comme celle que nous traversons, le prix d'un métal augmente avec sa production ou diminue, au contraire, avec elle. Au lieu que le simple jeu de

1. Page 216.

l'offre et de la demande fasse, comme on pourrait le croire d'abord, baisser le prix quand la production augmente, la demande croissante amène alors à la fois une augmentation de la production et, comme celle-ci reste d'abord, malgré tout, inférieure aux besoins, une augmentation des prix. C'est plus tard seulement, quand on a eu le temps de découvrir et de mettre en valeur des gisements nouveaux, que la production atteint, puis dépasse la consommation, et que la baisse des prix se manifeste. En moyenne, sur une période un peu longue, on voit de même la courbe de la production et celle du prix s'élever simultanément, contrairement à ce qui eût semblé devoir être la vraisemblance immédiate.

J'ai, par exemple, groupé, dans le tableau suivant, les productions des principaux métaux pour trois années réparties sur un quart de siècle, en choisissant, comme date intermédiaire, 1888, qui a été une sorte de date caractéristique, ayant précédé le grand essor des mines d'or du Transvaal, par lequel toutes les conditions de l'industrie moderne se sont trouvées influencées. En exprimant les productions en tonnes et classant les métaux d'après l'ordre de leur accroissement plus ou moins rapide, exprimé par des coefficients que l'on trouvera dans la dernière colonne, on a les chiffres suivants pour la production mondiale :

	1880	1888	1905	Coefficient d'accroissement de 1888 à 1905
	tonnes	tonnes	tonnes	
Or........	163	159	608	3,66
Cuivre ...	156 000	263 000	665 000	2,52
Fer, fonte et acier.	29 000 000	41 000 000	85 000 000	2,12
Plomb....	303 000	517 000	1 051 000	2,03
Étain.....	41 000	54 000	105 000	1,93
Zinc......	191 000	344 000	608 000	1,76
Argent....	2 500	3 700	5 300	1,43
Mercure ..	3 500	3 900	3 400	0,87

D'une façon générale, ce tableau met aussitôt en évidence l'essor colossal qu'ont pris, depuis un quart de siècle, toutes les industries minérales. Il n'y a guère d'exception que pour deux métaux : le mercure, dont la production a sensiblement baissé, en même temps que son prix se réduisait, par suite d'une diminution dans ses emplois métallurgiques, et l'argent, dont la courbe, d'abord très rapidement ascensionnelle de 1880 à 1895, a atteint, à ce moment, un maximum de 5 600 tonnes, au-dessous duquel elle s'est constamment tenue depuis, malgré une semblable baisse de prix par suite de sa démonétisation. Au contraire, pour tous les autres métaux, le coefficient, par lequel il faut multiplier la production de 1888 pour avoir celle de 1905, varie de 1,76 à 3,66 et atteint son maximum pour l'or. Voici, du reste, les chiffres, classés dans l'ordre décroissant de ces coefficients :

Or, 3,66 ; cuivre, 2,52 ; fer, 2,12 ; plomb, 2,03 ; étain, 1,93 ; zinc, 1,76 ; argent, 1,43 ; mercure, 0,87.

Si l'on avait comparé 1905 à 1880, l'ordre, malgré

quelques divergences, dont la principale est relative à la place du fer, se serait trouvé assez analogue :

Cuivre, 4,26; or, 4,22; plomb, 3,45; zinc, 3,18; fer, 2,92; étain, 2,55; argent, 2,16; mercure, 0,95.

En se bornant à la dernière période 1888-1905, la production de l'or a augmenté deux fois et demie plus vite que celle de l'argent et n'est suivie, à assez longue distance, que par celle du cuivre, dont les usages industriels ont pris un développement si marqué avec les progrès de l'électricité.

Dans la même période, les prix de ces métaux, classés dans le même ordre, ont varié dans la proportion suivante par tonne :

	1880	1888	Fin 1906	Coefficient d'accroissement de 1880 à 1906	Coefficient d'accroissement de 1888 à 1906
Or......	3 444 440	3 444 440	3 444 440	1,00	1,00
Cuivre..	1 552	1 350	2 830	1,81	2,09
Fonte...	93	60	78	0,83	1,30
Plomb..	385	354	475	1,23	1,33
Étain...	2 267	2 911	5 070	2,23	1,74
Zinc....	447	406	745	1,66	1,83
Argent..	192 000	157 000	116 000	0,60	0,74
Mercure.	5 220	6 500	3 450	0,65	0,53

La dernière colonne met en évidence le fait économique auquel j'ai fait allusion en commençant, c'est que, de 1888 à 1906, le prix de beaucoup des métaux, rapporté à l'or, a augmenté presque proportionnellement à leur production, contrairement à ce qu'une observation superperficielle aurait pu faire penser.

1. Pour le cuivre, on a mis, au lieu des prix de 1888, ceux de 1889, les chiffres de 1888 ayant été faussés par la spéculation des métaux.

L'argent et le mercure, dont la production est restée stationnaire ou a baissé depuis 17 ans, ont, en même temps, diminué de valeur; le cuivre, dont la production est devenue deux fois et demie plus forte, a, au contraire, doublé de prix; le fer et le plomb, dont la production a doublé, ont augmenté dans la proportion de 1,30 à 1.

Cette loi ne saurait être que très grossièrement vérifiée, trop de circonstances particulières et momentanées, ou factices (syndicats, etc.), pouvant influer; et c'est ainsi que, pour l'étain et le zinc, l'augmentation de prix est plus forte qu'elle ne devrait; pour le platine, encore plus monopolisé, on rencontrerait une exception du même genre. Mais, en moyenne, on peut en conclure que les mêmes causes, qui amènent une demande plus forte d'un métal et qui entraînent un accroissement de sa production, déterminent aussi, dans les périodes prospères, un accroissement du prix, la production n'arrivant pas à suivre les progrès trop rapides de la consommation, en sorte qu'il y a disette.

Ce n'est pas, comme on aurait pu le penser au premier moment, les conditions géologiques ou industrielles qui sont le facteur prédominant de ces variations dans la production ou dans le prix. En l'état actuel de l'humanité et avec les immenses ressources minérales disponibles dont nous gardons le privilège momentané, on trouve à peu près ce qu'on veut en fait de minerais; il ne s'agit que d'y mettre le prix et, à moins d'une révolution complète dans les emplois d'un métal, son prix conserve approximativement,

avec celui des autres métaux, la relation antérieurement déterminée par des emplois analogues; ou cette
relation varie dans un sens prévu. La demande pro-
voque les découvertes, d'abord un peu moins (d'où
hausse de prix), pendant le temps nécessaire pour les
recherches, puis un peu trop quand cette hausse a
surexcité exagérément l'émulation, et la production
s'accroît avec les besoins, à peu près dans la mesure
où cette consommation le nécessite. On l'observe
même pour des substances réputées rares ou exceptionnelles comme le vanadium, le tungstène, le cérium
ou le zirconium, dont on ne croyait pas posséder de
gisements importants, jusqu'au jour où on leur a
découvert des emplois et qui, ce jour-là, se révèlent
en quantité bientôt suffisante, puis surabondante,
pour les besoins.

S'il était permis d'appliquer une loi aussi vague et
aussi empirique au métal précieux qui nous intéresse, on en conclurait que le prix de l'or a dû, sans
que nous nous en doutions, comme celui du cuivre,
doubler à peu près dans la dernière période, amenant
par conséquent une diminution de moitié dans les
prix des matières premières, son pouvoir d'achat
étant devenu deux fois plus fort.

Cette variation se trouvant intervenir à notre insu
dans les prix mêmes des métaux d'après lesquels
nous avons calculé nos coefficients, ces coefficients
sembleraient même à relever encore et, de ce chef,
celui que nous venons de supposer par assimilation
pour l'or lui aussi. On constate, en effet, parallèlement à la grande hausse des métaux qui a marqué

l'année 1906, une disette d'or incontestable, traduite par l'élévation générale de l'escompte, à laquelle sans doute d'autres causes ont contribué (essor industriel et spéculation connexe aux États-Unis et en Allemagne, etc.), mais dont on pourrait conclure que la production d'or, si extraordinairement accrue de ces dernières années, n'a pas encore été suffisante pour les besoins résultant du développement économique général qui s'est manifesté simultanément dans le monde entier.

La conclusion, on le voit, est très différente de celle que l'on admet en général et à laquelle conduit l'observation directe des prix relatifs aux matières premières. Mais c'est, comme j'ai essayé de le montrer, que, dans la détermination du prix des substances, le pouvoir d'achat de l'or est seulement un des facteurs et non, je crois, le principal.

En tout cas, il semble permis d'admettre la conclusion à laquelle nous sommes arrivés, à des nuances près, au moins par trois voies différentes : par l'étude des emplois industriels de l'or et des stocks monétaires, par la discussion des moyennes budgétaires, par la comparaison avec les autres métaux [1]. Si l'on envisage le siècle entier qui vient de s'écouler (1807-1907), ce siècle où il est sorti de terre près de 50 milliards d'or pour s'ajouter à la douzaine de milliards que l'on avait pu extraire auparavant, c'est-à-dire où le stock d'or dans le monde a été quintuplé, il n'est pas possible de dire qu'il y ait eu réelle surproduction.

1. Voir plus haut, pages 199 et 225.

L'extraction de l'or actuelle n'est pas excessive pour nos besoins. 1° En ce qui concerne les observations directes sur la monnaie, cette extraction n'augmente le stock de numéraire que dans une proportion très faible et nullement comparable aux chiffres que l'on aurait pu prétendre obtenir en additionnant les productions annuelles; 2° l'influence d'une baisse présumée de l'or sur le prix de la vie est faible, sinon insensible, et difficile, en tout cas, à distinguer de toutes les autres; 3° la comparaison avec les autres métaux tend à faire admettre, non pas une baisse, mais une hausse de l'or, traduite d'autre part, en ce moment, plus passagèrement par les opérations des grandes banques.

Ainsi la production a beau s'accroître et momentanément distancer la consommation, celle-ci, qui grandit chaque jour, a vite fait de la rattraper et la surabondance de l'or dans le monde est très loin, en tous cas, de se faire sentir d'une manière inquiétante. Dès qu'il arrive une période de forte activité industrielle, de relations économiques accrues, d'échanges internationaux plus intenses, comme celle qui a commencé vers 1905, l'or fait, au contraire, défaut : il est demandé de tous les côtés et le taux général de l'escompte s'élève...

Ces règles peuvent subir des exceptions momentanées, quand, par un brusque à-coup, la production s'accroît fortement, comme cela s'est produit au XVIᵉ siècle ou en 1850, comme cela se renouvellera sans doute demain avec les productions considérables que l'on est en droit de prévoir pour la prochaine dizaine d'années. Mais bientôt l'équilibre se rétablit et la demande de l'or, qui, jusqu'ici, a toujours été augmentant, suffit à absorber la production malgré sa croissance.

S'il en est ainsi avec une extraction annuelle de 2 milliards, que sera-ce le jour où les grands gisements actuels seront épuisés et où les découvertes se ralentiront, du moins momentanément, tandis que, la population humaine se multipliant de plus en plus et recourant de plus en plus à l'or comme ornement et comme bijoux, sinon comme monnaie, la consommation ira sans cesse croissant?

§ 6. — **L'évolution actuelle de l'industrie aurifère. — Causes, durée probable et conséquences de son développement. — Influences économiques et politiques sur le développement actuel de la production et de la consommation aurifères : expansion coloniale, guerre anglo-boër, pénétration de la Chine, abandon du bimétallisme, etc. — Probabilités immédiates ou plus lointaines pour l'industrie de l'or. — Conséquences économiques et sociales. — L'intérêt de l'argent. — L'avenir du capital.**

Toute la question de l'or est dominée par un fait industriel de première importance, sur lequel j'ai déjà maintes fois attiré l'attention : le progrès exceptionnel et sans précédents de la production aurifère actuelle, auquel se trouve correspondre un développement parallèle, également singulier, de la consommation. Je me contente de grouper ici, de nouveau, les quelques chiffres qui précisent cette situation. La production de l'or en 1906 a dépassé 2 milliards, contre moins de 500 millions en 1884 ; elle a donc quadruplé

en vingt ans ; elle est quarante fois plus forte qu'il y a
cent ans (50 millions). Dans le dernier siècle, on a sorti
de terre, en chiffres ronds, 50 milliards, quatre fois
plus que dans la somme des trois siècles précédents.
Aujourd'hui on extrait chaque année à peu près ce
qu'a produit le XVI⁰ siècle tout entier, cinq fois plus
qu'il ne devait rester d'or dans toute l'Europe au
moyen âge. Enfin, si ce taux de production continue à augmenter, comme on peut s'y attendre
pendant quelques années, ou du moins reste stationnaire, l'on ajoutera, en moins de quinze ans, un nouveau poids d'or égal à tout le stock aujourd'hui exis-
tant de numéraire dans le monde entier. Il n'est pas
besoin, je pense, d'insister davantage sur une situation aussi manifestement extraordinaire. Mais il y a
lieu d'examiner quelles causes ont déterminé ce phénomène, quelles influences permanentes ou momentanées en ont atténué, corrigé l'effet, afin de chercher
si on peut en prévoir approximativement la durée.
Après quoi, nous envisagerons les conséquences que le
mouvement, se continuant, ou s'arrêtant au bout d'un
temps plus ou moins long, pourra avoir dans l'avenir.

**Influences économiques et politiques sur le
développement actuel de la production et de la
consommation aurifères.** — Parmi les causes du
développement de l'industrie aurifère, j'ai déjà eu
l'occasion de signaler [1] les principales, qui sont aujour-
d'hui la prise de possession de la Terre par l'expan-

1. Page 110.

sion coloniale, et le progrès technique dans les moyens d'extraction, permettant d'utiliser des minerais autrefois rejetés. Mais il intervient aussi, et peut-être à un degré supérieur, un facteur économique permanent. En dehors du mirage, de la fascination plus ou moins raisonnée qu'exerce sur les esprits le brillant métal, l'industrie de l'or a cela de très sérieusement tentant que, seule entre toutes, elle n'a pas à s'occuper de la vente de son produit. Ce produit s'écoule (tout au moins apparemment) en quantités illimitées et à un prix immuable. Aucun aléa pour les débouchés, aucune incertitude pour l'établissement du revenu brut; aucune nécessité d'organisation commerciale.

Sans doute, il y a là quelque chose d'un peu illusoire; car une surproduction de l'or peut se traduire, comme nous l'avons vu, par un renchérissement universel de la vie et, par conséquent, par un accroissement du prix de revient. Mais, outre que cette circonstance a, jusqu'ici, peu, et très progressivement, et très confusément, influé, il est, on le conçoit, plus facile pour un industriel de faire entrer en ligne de compte dans ses calculs un prix, quel qu'il soit, des matières premières et de la main-d'œuvre, prix immédiatement connu et soumis seulement à des fluctuations lentes, que d'avoir à compter sur les brusques à-coups, sur les « booms » et les « krachs », par lesquels le prix de tout autre métal, le cuivre par exemple, se trouve subitement et du jour au lendemain modifié. L'exploitant d'or a le droit, en principe, de compter sur la vente assurée de sa marchandise, et l'économiste seul peut avoir à se préoccuper de ce qui arriverait le jour où le monde serait saturé de cette substance précieuse, que le mineur est sûr, pendant longtemps encore, d'écouler sans peine à son prix légal.

Dans cet ordre d'idées, on doit remarquer que les grands besoins d'or actuels, sur lesquels l'industrie minière de ce métal s'est habituée à compter, sont surtout la conséquence de la prise de possession du monde par la civilisation européenne, et des relations internationales de plus en plus serrées qui exigent une monnaie commune. Le rapide essor de la production est, en grande partie, le résultat du même phénomène : les champs d'or les plus riches étant découverts dans ces pays nouveaux, ou mis en valeur dans des pays plus anciens, grâce aux progrès généraux du pays, notamment à ceux des moyens de transport ou d'accès. Il est donc à présumer que, la cause des deux faits étant la même, leur modification se produira à peu près simultanément dans le même sens : c'est-à-dire que, à l'époque où tous les pays seront gorgés d'or, les découvertes retentissantes de champs d'or nouveaux se trouveront, en même temps, devenir de plus en plus rares et que la production baissera, par conséquent, d'elle-même au moment où la consommation sera sur le point de lui manquer.

Quoi qu'il en soit de cet avenir, sans doute assez lointain encore, le rôle de l'or comme étalon monétaire représente, on le sait assez, un facteur important de son industrie, un débouché qui a été énorme pendant le dernier demi-siècle. A cet égard, il s'est produit, pendant les derniers quinze ans, une transformation notable, dont un paragraphe précédent aura pu donner l'idée [1].

Vers 1890 à 1895, la théorie du bimétallisme était encore puissamment soutenue [2]. Elle est désormais bien définitivement condamnée (jusqu'au jour où un relèvement momentané de l'argent, causé par ses usages de luxe coïncidant avec les grosses productions d'or, amènera quelque économiste à la reprendre) [3]. L'essor de la production argentifère a eu beau, depuis ce moment, s'arrêter par suite de la dépréciation du métal blanc (5 292 000 kilogrammes en 1905 contre 5 652 000 en 1895), tandis que celle de l'or quadruplait comme nous l'avons vu, le prix moyen de l'argent s'est à peine relevé d'une façon insensible. Lui aussi demeure, avec des oscillations légères, à peu près immobile; ce qui, en présence de la production aurifère quadruplée, équivaut, en réalité, à une baisse. L'argent ne peut remonter réellement de prix que grâce à ses emplois industriels, qui, par suite de son abandon presque général comme monnaie, tendent à jouer un rôle exclusif. Mais encore faudrait-il pour cela que sa production restât, comme elle l'a fait depuis dix ans, stationnaire. Si elle augmente au contraire à la suite de quelque découverte sensationnelle comme

---

1. Voir plus haut, p. 201.

2. J'ai eu l'occasion de la combattre alors à diverses reprises : dans mon ouvrage sur l'*Argent*, dans un article sur : *L'avenir géologique de l'or et de l'argent. Conséquences économiques et sociales* (Rev. gén. des sciences, 30 avril 1895), etc.

3. Nous avons vu que le Mexique et le Pérou sont, en ce moment, obligés de se défendre contre un exode de l'argent.

celle dont on fait actuellement grand bruit dans le district de Cobalt au Canada, le rapport entre l'argent et l'or deviendra encore plus élevé qu'il ne l'est en ce moment, et l'on aura tout au moins une apparence d'augmentation pour le prix relatif de l'or.

L'or, étant donc de plus en plus généralement employé comme monnaie universelle, est de plus en en plus recherché et le mouvement ne peut aller qu'en s'accélérant par le fait même de sa vitesse jusqu'au jour où l'Extrême-Orient à son tour, seul réfractaire encore à l'étalon d'or, aura été conquis par lui.

Deux autres grands événements politiques ont eu depuis dix ans, et continuent à exercer une influence plus ou moins directe sur la question de l'or pour contrarier l'évolution normale de son industrie, accroître actuellement sa valeur et favoriser son placement; on ne saurait ici les passer sous silence.

Le premier de ces faits a été la conquête du Transvaal par les Anglais. Cette conquête, que les financiers sud-africains avaient, avec plus ou moins de sincérité, réclamée, favorisée ou encouragée dans l'intérêt prétendu de leur industrie, a, comme on a dû finir par s'en rendre compte et comme il était trop facile de le prévoir, paralysé pour longtemps son essor. Tout d'abord, on a vu l'arrêt complet des mines pendant les deux ans qu'a duré la guerre, annoncée comme une simple promenade militaire, et les destructions d'installations ou d'usines (heureusement assez restreintes) qui en ont été la conséquence. Mais surtout le prix de revient, qui devait si bien s'abaisser subitement d'un tiers avec ce changement de régime, est, impôts compris, resté à peu près le même au bout de dix ans malgré tous les progrès techniques réalisés dans cet intervalle. Au lieu des faibles taxes du Gouvernement boër, contre lesquelles on menait une campagne si bruyante, il a fallu payer la lourde et coûteuse administration anglaise; les charges sont devenues plus fortes [1]; les nègres ont perdu l'habitude de travailler aux mines, et l'idée, bizarrement impratique, que l'on a eue un moment de réduire soudain leurs salaires par un coup d'autorité, a amené une disette de main-d'œuvre à laquelle on n'a pu remédier que par l'introduction d'une main-d'œuvre chinoise, qui a donné, tout au moins au début, bien des déboires.

La liquidation des frais énormes de la guerre a, en même temps, entraîné, sur le marché anglais, une raréfaction des capitaux et une dépréciation des valeurs, répercutées sur tout le marché européen.

Puis la politique intérieure anglaise s'est fâcheusement mêlée de cette grande industrie. En prenant pour champ de bataille cette question de la main-d'œuvre chinoise que le parti libéral, arrivé au pouvoir, prétendait interdire, elle a paralysé les appels au crédit, a détourné les capitaux, a empêché les nouvelles affaires de se créer, en même temps qu'elle augmentait les frais des anciennes, et, finalement, elle a contribué à diminuer très notablement la production d'or que le Transvaal devrait aujourd'hui fournir.

Par un véritable paradoxe politique, il a fallu, pour

1. La taxe nouvelle de 10 p. 100 sur le bénéfice net a représenté en 1904 plus de 10 millions.

que ces inconvénients fussent atténués, ce qui aurait
pu singulièrement les aggraver encore : le retour au
pouvoir des Boërs, qui, vaincus sur le terrain des
armes en 1900, ont repris le pouvoir de leur pays, au
début de 1907, grâce à leur victoire électorale; et l'on
a pu voir alors les directeurs de mines accueillir avec
satisfaction (février 1907) l'arrivée au ministère transvaalien du général Botha, l'ancien chef de la lutte
anti-anglaise, trop heureux aujourd'hui de le retrouver
pour se débarrasser des fantaisies, soi-disant libérales,
par lesquelles le gouvernement anglais aurait pu
les ruiner.

Tout s'est ainsi accumulé, pendant dix ans, pour
entraver l'industrie de l'or au Witwatersrand, et l'on
peut dire que la valeur de ses mines d'or s'est trouvée,
par l'ensemble de ces faits, réduite d'un tiers à un
quart. Ce n'est assurément pas exagérer d'avancer
que la production, elle aussi, a été réduite aux deux
tiers de ce qu'elle aurait dû être : le manque de capitaux, le défaut de main-d'œuvre et l'accroissement
du prix de revient ayant également empêché de
mettre en valeur une foule de gisements reconnus, et
d'extraire, dans les mines exploitées, des masses de
minerais pauvres passées de ce fait au-dessous de la
teneur limite.

Pour toutes ces causes, la guerre du Transvaal, en
diminuant d'abord la production de l'or dans le
monde, en l'empêchant plus tard d'augmenter autant
qu'elle aurait dû, a faussé momentanément la loi
d'évolution économique qui préside à l'industrie de
ce métal précieux. L'afflux d'or, sur lequel on s'était

habitué à compter, a manqué tout à coup, en même temps que des besoins d'or se faisaient sentir pour payer les frais de la guerre. On a vu ainsi, vers 1906, une disette monétaire telle qu'il ne s'en était pas produit depuis quinze ans. L'humanité, avec son extraction d'un milliard et demi à deux milliards d'or, a manqué de métal.

L'or a donc augmenté de valeur. Ce qui s'est traduit, comme je le rappellerai plus loin, par un relèvement de l'intérêt, par un abaissement des principaux titres mobiliers ; changement accru pour certains d'entre eux, diminué pour d'autres, par des causes incidentes (par exemple, pour la France, par les causes politiques et fiscales qui ont fait arbitrer nos titres nationaux en faveur de certains titres étrangers). Mais il est à présumer que nous touchons au terme de ces difficultés et, si le Transvaal est enfin libre de prendre tout son développement, on assistera, pendant une dizaine d'années, à un développement de la production aurifère bien supérieur à ce qu'on a vu jusqu'ici.

Ce n'est pas le seul fait de ce genre dont l'intervention se soit manifestée, ou qui doive exercer son influence dans un délai restreint. Il faut encore compter avec la brusque transformation de l'Extrême-Orient, résultant des guerres successives du Japon contre la Chine, des Européens contre les Chinois après l'insurrection des Boxers, enfin du Japon contre la Russie, avec le développement surprenant du Japon, et la transformation de la Chine par le Japon qui peut en être la conséquence. Là aussi le résultat immédiat est un besoin d'or pour constituer des stocks monétaires d'usage international à ces pays, qui, jusqu'alors, avaient gardé la monnaie d'argent, et pour régler leurs achats en Europe.

Peut-être, plus tard, verra-t-on inversement la pénétration de la Chine et, par suite, de l'Asie centrale, de celle-ci surtout, amener la découverte de grands gisements aurifères. Mais ce n'est pas, en principe, sur les vieux pays asiatiques de très ancienne civilisation, qu'il faut beaucoup compter pour les futures découvertes aurifères; l'or est un métal trop attirant et trop facile à reconnaître, ou même à extraire, pour que les gisements superficiels, par la rencontre desquels se produisent les brusques poussées de la production, n'y soient pas en moyenne épuisés. A l'exception de ses parties centrales ou septentrionales encore peu explorées, l'Asie, comme l'Europe, ne recommencera à compter sérieusement dans la production aurifère que le jour où, l'or libre de surface ayant été extrait à peu près partout, on en sera réduit à ces formes plus permanentes de minerais profonds et complexes, qui seront la grande ressource de l'avenir.

Par ces considérations diverses, on voit donc, en résumé : 1° que l'essor de la production aurifère, si extraordinaire qu'il puisse paraître depuis dix ans, n'a pas été pourtant ce qu'il aurait dû être si le Transvaal n'avait pas subi la perturbation de la guerre; 2° que les besoins d'or ont été, d'autre part, et resteront, pendant quelque temps encore, anormaux. Diminution de la production, augmentation des débouchés, correspondent nécessairement à un accroissement passager de valeur, qui, pour l'or, se trouve masqué par l'ensemble des phénomènes de tous genres, au milieu desquels ce facteur se borne à intervenir, mais qui n'en doit pas moins être réel et qui, par ses causes mêmes, est appelé à se modifier, ou a même sans doute commencé déjà à se modifier depuis 1904 ou 1905, avec la disparition progressive de celles-ci.

Probabilités immédiates ou plus lointaines pour l'industrie de l'or. — Si nous envisageons, tout d'abord, un avenir immédiat, il est à présumer que l'essor de l'industrie aurifère va se précipiter encore quelque temps. Indépendamment des États-Unis, où la mise en valeur, quoique avancée, est loin de son apogée, il reste beaucoup à faire, dans cet ordre d'idées, sur toute la longueur du continent américain et, notamment, dans toute la zone boréale encore si mal explorée. La découverte retentissante des placers du Yukon n'a été qu'un épisode dans cette série de trouvailles à laquelle on doit s'attendre. En résumé, ces champs d'or du Yukon n'ont produit au total, en dix ans, que 500 millions : ce que le Transvaal produit en moins d'un an. Mais le progrès du Canada et du Mexique, par exemple, passés l'un de 5 millions à 75 et l'autre de 6 à 75 entre 1893 et 1905 montre : d'un côté, ce qu'on peut attendre de certaines régions jusqu'ici réputées inabordables ; de l'autre, ce que peuvent produire les formes relativement pauvres de minerais sulfurés ou complexes, qui existent par

grandes masses dans les parties profondes de nombreux gisements supposés épuisés. En Amérique du
Sud, dans la Colombie, la Bolivie et le Chili, tout est
à peu près à faire. L'Australie contient encore d'assez
grandes régions inconnues pour prêter à des découvertes. Le Transvaal, qui a produit 620 millions en
1906, arrivera à 800 dès que les difficultés politiques
toutes artificielles n'entraveront plus le recrutement
de la main-d'œuvre. La Rhodésia commence à entrer
en ligne de compte. L'Ouest africain finit par rendre
un peu de ce qu'il avait fait espérer à ses enthou-
siastes. Dans le reste de l'Afrique, à côté des minerais
riches qui n'ont généralement donné que des déboires,
il paraît exister, un peu partout, des masses considérables de minerais pauvres, qui prendront leur importance le jour où l'on pourra les traiter moins coûteu-
sement, ou extraire les métaux, tels que le cuivre, avec
lesquels l'or s'y trouve associé. Enfin, l'on peut en
dire autant pour toutes ces roches aurifères d'où
proviennent les placers de l'Oural, de la Sibérie, de
la Corée. De tous côtés, le branle est donné et, pendant une trentaine d'années au moins, on peut
compter sur une production d'or supérieure à celle de
ces dernières années, ou tout au moins comparable.

C'en est assez pour que les prévisions relatives à
un avenir plus lointain perdent singulièrement de
leur intérêt, puisque la plupart d'entre nous ont peu
de chance de les voir se réaliser. Un quart de siècle
est pourtant une courte période dans la vie de l'humanité, et même dans celle d'une nation. Qu'arrivera-
t-il alors plus tard? Plus tard, il semble bien permis

de dire, comme je l'ai déjà maintes fois indiqué, que l'avenir sera de plus en plus aux minerais pauvres, dont les réserves sont encore si considérables. La loi générale, qui, pour tous les minerais, conduit vers les grandes masses pauvres d'exploitation économique, commence déjà à se faire sentir pour l'or. Ainsi que nous l'avons vu précédemment [1], la plus grande mine d'or du monde entier est celle de Homestake (South Dakota), qui broie, avec 900 pilons, 1 400 000 tonnes par an de minerai tenant moins de 19 francs d'or par tonne. La mine Treadwell, dans l'Alaska, broie, avec 540 pilons, 600 000 tonnes de minerai à 10 fr. 50 d'or par tonne. Le Witwatersrand, qui, dans une courte zone d'à peine 45 kilomètres de longueur, produit par an plus de 600 millions d'or, le fait avec des minerais relativement pauvres, tenant parfois à peine 30 francs d'or à la tonne. En décembre 1906, il a été broyé là 1 150 000 tonnes métriques de minerai pour extraire 58 900 000 francs d'or : soit 51 fr. 20 par tonne [2]. A mesure que les frais diminueront, la teneur moyenne s'abaissera parallèlement par l'utilisation des grandes masses aujourd'hui sans valeur.

Et je ne parle ici, bien entendu, que des minerais durs, en roche, des minerais non remaniés, non soumis à une concentration naturelle préliminaire, comme dans les altérations superficielles ou surtout dans les alluvions, pour lesquelles l'abaissement du

1. Pages 124 et 129.
2. Il ne faut pas oublier que le chiffre moyen se trouve très relevé par quelques mines riches. La teneur moyenne des minerais broyés depuis l'origine à la Robinson a été de 93 francs, à la Ferreira de 90.

prix de revient est tel qu'avec la méthode hydraulique on a pu traiter avec fruit des alluvions tenant à peine 20 ou 30 centimes d'or au mètre cube et où, plus communément, 3 francs d'or au mètre cube (1 gr.), soit 0,000 000 44 en poids, constituent une teneur bien rémunératrice.

Partout ce mouvement se fait sentir; mais nulle part, peut-être, il n'est plus sensible qu'au Mexique, ce centre classique de la production argentifère dans le monde. On sait comment la renaissance du Mexique, qui a débuté il y a une trentaine d'années avec l'établissement d'un régime politique stable, a entraîné d'abord la reprise des exploitations argentifères sur les zones profondes et pauvres des anciens filons, d'où l'on a tiré, au XVIe et au XVIIe siècles, de si fabuleuses richesses. En peu d'années, le Mexique a rejoint à pas de géants, pour les chiffres de production argentifère, son grand voisin les États-Unis. Puis est venue la baisse de l'argent, et le Mexique s'est alors improvisé producteur d'or, allant rechercher les parties aurifères des mêmes zones métallisées : sa production d'or, insignifiante avant 1894, est rapidement montée en 1904 à 65 millions, à 81 en 1906, ce qui lui a permis d'abandonner l'étalon d'argent.

Ce qui s'est produit pour le Mexique peut faire prévoir ce qui arrivera bientôt pour l'Amérique du Sud, quand les progrès de l'impérialisme yankee, accélérés par le percement de l'isthme de Panama, auront, sous une forme de protectorat plus ou moins déguisé, mis de l'ordre dans les Républiques sud-américaines. Ces vieilles régions de l'Amérique du

Sud semblent de celles qui sont appelées au développement le plus remarquable dans un avenir prochain.

Mais, en dehors de ces pays très riches, pour lesquels la prévision est facile, il est bien probable que, dans l'ancien monde, on verra quelque chose de semblable. L'Europe et l'Asie ont été des pays aurifères ; l'antiquité a connu des Californies qui s'appelaient le Pactole ou le mont Pangée, l'Égypte ou l'Altaï. Dans tous ces pays, non seulement les alluvions, les placers, mais les parties hautes des filons ont été enlevés ; il reste les parties profondes, où existent des minerais pauvres, actuellement inexploitables, qui peuvent devenir un jour un élément de richesse.

Cela est vrai aussi pour des régions comme le Witwatersrand, où, dans une énorme série de terrains, tant de couches sont, à strictement parler, aurifères. Le prix de revient actuel, je l'ai assez fait remarquer, établit seul la ligne de démarcation entre ce qui est qualifié minerai et ce qui est réputé stérile, détermine seul la teneur limite, au-dessous de laquelle une roche est rejetée. Que l'on songe alors à la transformation produite dans le monde entier par l'invention de la cyanuration vers 1890, à cette brusque poussée qui, aussitôt après, fait remonter les courbes de production aux États-Unis et en Australie comme au Transvaal, et que l'on imagine l'effet analogue pouvant être produit par tout autre perfectionnement industriel, amenant un abaissement de quelques francs dans le prix de revient, ou simplement que l'on calcule l'abaissement normal résultant, pour les pays déjà exploités, de tous les progrès amenés par cette exploitation même, sans parler de l'amortissement des installations, et l'on verra que la production d'or future a des chances pour être fournie, en quantités longtemps suffisantes pour nos usages, par des minerais de plus en plus pauvres et, par ce fait même qu'ils sont plus pauvres, de plus en plus abondants.

Étant donné les quantités d'or précédemment calculées que renferment l'écorce terrestre ou les mers, il n'y a aucune raison pour que nous manquions d'or, à proprement parler, quand bien même nos besoins de numéraire ne seraient pas, comme cela va se produire sans doute tôt ou tard, diminués par l'usage plus répandu des instruments de crédit. C'est une simple question de prix de revient et, soit que les frais industriels s'abaissent par suite des progrès scientifiques, comme ils ont une tendance constante à le faire, soit même que la valeur de l'or augmente par suite d'un commencement de raréfaction, on trouvera, sous la forme de minerais aujourd'hui inutilisés, tout l'or que l'on pourra désirer.

Les progrès industriels futurs dont il vient d'être question, progrès qu'il est logique d'attendre et de calculer dans ses prévisions, ne doivent pas néanmoins faire oublier la loi naturelle, qui amène l'épuisement rapide des gîtes aurifères par suite de l'attraction même qu'ils exercent et de l'ardeur exceptionnelle que l'on met à les utiliser; ils ne sauraient nous conduire à négliger cette sorte de surproduction spéciale, à caractère tout géologique, qui pousse, nous l'avons vu [1], à extraire une quantité d'or excessive par rapport à la teneur en or de la Terre.

Quand on reprend, chiffres en mains, l'histoire des grands districts miniers aurifères, on y retrouve, presque toujours, les mêmes phases, que j'ai déjà résumées [2], de la production intensive, désordonnée, romantique, par l'afflux des chercheurs isolés, puis de l'organisation technique en grand, puis de l'épuisement apparent et de l'abandon momentané quand on est arrivé à une profondeur telle que les frais d'extraction, d'épuisement, etc., rendent les minerais inutilisables, ou au moins découragent d'en chercher la suite par des travaux coûteux après quelques-uns de ces accidents, de ces appauvrissements qui, de temps à autre, font disparaître une veine métallifère.

Si l'on veut donc, dans trente ou quarante ans, continuer l'extraction aurifère sur le même taux à raison de 2 milliards par an, il faudra, tous les gisements actuels ayant été épuisés, qu'on en ait retrouvé autant d'autres d'égale valeur dans les régions inexplorées du globe, ou que le traitement, devenu plus économique, d'immenses quantités de minerais plus pauvres y ait suppléé. En supposant que l'une ou l'autre de ces deux hypothèses ne se réalise pas, aussitôt on constatera alors un ralentissement dans la production aurifère jusqu'à ce que l'intensité des besoins d'or soit encore une fois devenue suffisante pour augmenter assez le prix de l'or (en abaissant le prix de revient) et décider à reprendre, comme c'est l'histoire constante

1. Page 80.
2. Pages 17 et 106.

des mines, les gisements précédemment abandonnés, en leur appliquant des procédés nouveaux plus perfectionnés.

Mais, comme je le disais plus haut, cette éventualité d'une certaine disette d'or ainsi retardée, succédant à une forte production immédiate, ne saurait avoir, en tout cas, les mêmes conséquences économiques que si elle se produisait de suite, sous nos yeux. A ce moment, il est probable, malgré l'accroissement continu de la population et malgré les progrès du luxe chez tous les peuples (dont la consommation croissante du diamant à des prix de plus en plus élevés est un indice si bizarre), que les besoins d'or monnayé se feront moins cruellement sentir. Il faut, en effet, s'imaginer que les échanges se régleront de plus en plus avec du papier, et le stock d'or accumulé, avec ses additions annuelles, suffira peut être, à la rigueur.

Conséquences économiques et sociales. L'intérêt de l'argent. L'avenir du capital. — La période présente, d'ici quinze ou vingt ans, a, nous venons de le montrer, toutes les chances pour être marquée par un afflux d'or énorme. On peut alors se demander quelles conséquences va avoir cette production, poussée pendant quelques années à raison d'au moins 2 milliards par an, le quinzième de tout le stock actuel de numéraire. Cet afflux d'or constitue-t-il une surproduction ? Entraînera-t-il les conséquences ordinaires d'une surproduction, c'est-à-dire une dépréciation du métal produit, qui, pour apparaître moins directement ici que dans le cas d'un métal ordinaire, ne s'en traduirait pas moins par des conséquences aisées à prévoir, et dont les principales sont, avec la cherté de la vie, la diminution de l'intérêt, la baisse, le discrédit des capitaux surabondants [1]? Il ne semble pas en être ainsi, je l'ai dit, du moins jusqu'à nouvel ordre; ou, si un tel phénomène commence à se faire sentir, c'est depuis bien peu de temps. J'ai déjà assez insisté sur les raisons qui empêchent d'admettre actuellement une diminution bien notable dans la valeur de l'or, analogue même à celle qu'avait pu entraîner en 1850 la découverte de la Californie et de l'Australie. Les matières premières ont, au contraire, subi, de 1870 à 1890, une baisse continue, qui, tout en étant due évidemment à beaucoup d'autres causes (développement des relations, facilités des transports, progrès industriels, commerce international), ne semble pas néanmoins compatible avec une diminution de valeur de l'or : d'autant plus que, dans le même temps, l'accroissement considérable du prix de la main-d'œuvre, attribuable à des causes politiques ou sociales, et, généralement, celui des impôts pour les mêmes raisons, sont venus contrebalancer ces progrès.

Un fait économique assez frappant a eu lieu depuis une dizaine d'années, où l'on voit plutôt l'indice d'une raréfaction momentanée. Jusqu'alors le taux de l'intérêt avait subi, pendant longtemps, une baisse progressive, seulement interrompue par quelque désastre comme la guerre de 1870-1871. De 5 p. 100

1. Voir plus haut p. 211 et suiv.

il était descendu progressivement à près de 2 1/2 p. 100 pour la même catégorie de valeurs : ce qui tenait, en grande partie, au goût croissant du public pour les valeurs mobilières et, spécialement, pour les fonds d'État, substitués comme placement à la terre, mais ce qui correspondait également au stock croissant des capitaux disponibles. Les économistes avaient, pour expliquer cette baisse continue de l'or, une théorie très simple, que nous avons déjà rencontrée chemin faisant. L'or, disaient-ils, étant à peu près inusable, et son stock s'augmentant chaque année de la production nouvelle, sa valeur doit nécessairement décroître, son pouvoir d'achat doit fondre progressivement, son loyer se réduire.

Dès lors, les hommes politiques, auxquels cette baisse de l'intérêt semblait fort commode pour équilibrer les budgets futurs par des conversions, s'entendaient généralement pour prolonger par la pensée les courbes fléchissantes et annonçaient presque tous que ce mouvement allait se continuer sans arrêt en s'accélérant peu à peu. Les Commissions du budget renonçaient à la tâche ingrate de chercher des économies et les politiciens opportunistes voyaient, dans le même phénomène, une panacée de la question sociale : le différend classique entre le capital et le travail devant disparaître de lui-même, dans un avenir restreint, par la suppression de tout capital non appliqué à un travail industriel.

Cependant la loi économique, qui semblait si bien établie, et qui peut redevenir vraie dans l'avenir, en comportant alors une partie des effets prématurément

escomptés, vient d'être quelque peu démentie par les
faits depuis dix ans : le taux de l'intérêt, au lieu de
continuer à s'abaisser, s'est relevé sensiblement pour
les valeurs mobilières autrefois réputées « de tout
repos ». Là encore, comme dans tous les phénomènes
économiques, les causes sont complexes et parfois
difficiles à démêler. Il est pourtant évident que la
première a été la guerre du Transvaal, par les
dépenses qu'elle a occasionnées et l'arrêt dans la production aurifère de l'Afrique du Sud, qui en est
résulté. L'or, s'étant raréfié, a été plus demandé et
s'est loué par suite à un prix plus élevé. Bientôt un
résultat du même genre s'est produit par la guerre
russo-japonaise, par les emprunts de liquidation des
deux pays, par les destructions dues à la révolution
russe, par la réorganisation générale que doit s'im-
poser ce grand Empire, par les renouvellements de
matériel de guerre qu'a entraînés, dans toute l'Europe,
l'attitude cyniquement provocatrice de l'Allemagne.

Enfin, depuis 1905, deux phénomènes d'un autre
ordre, absolument indépendants l'un de l'autre et
même contradictoires, sont venus superposer leur
influence à ceux-là, toujours dans le même sens.

Tout d'abord, on s'est trouvé dans une phase remarquablement prospère pour toutes les industries, une de
ces phases qui reviennent automatiquement à des
intervalles presque identiques, comme le mouvement
d'aller et retour d'un balancier.

Une grande poussée de hausse, qui est partie des
États-Unis et de l'Allemagne, a emporté vers des
cours sans cesse croissants la plupart des valeurs

industrielles. Les bénéfices réalisés ou espérés ont, à la fois, incité les gagnants à des dépenses qui faisaient prospérer d'autres industries et donné le goût des placements industriels si rémunérateurs, en détournant une partie du public de ses anciens placements tranquilles. Donc on a lancé des affaires, on a eu besoin de capitaux et on les a payés plus cher qu'auparavant, comme dans toutes les périodes de spéculation. En réalité, la baisse de l'intérêt, ou, si l'on veut prendre un exemple, la hausse de la Rente française, qui réjouit parfois les hommes politiques, est, chacun le sait, un simple symptôme d'atonie industrielle. Si le taux de l'intérêt s'abaisse, ce n'est pas tant parce qu'on a trop d'argent (car on sera encore longtemps avant de manquer d'affaires à créer) que parce que, cet argent disponible, on l'emploie mal...

Le second phénomène, qui est intervenu, est l'arrivée au pouvoir en France du parti socialiste. Il en est résulté aussitôt, avec la guerre ouvertement déclarée au capital, une fuite de ce capital vers des valeurs étrangères, où il trouvait, sinon plus de sécurité, du moins, avec une sécurité comparable, un intérêt supérieur. Pendant un an, on a vendu continûment la Rente française et les obligations de chemins de fer, qui montaient autrefois d'un progrès incessant parce que l'habitude du rentier français était, à chaque échéance d'intérêt, de replacer, sous la même forme, une partie des coupons perçus. Non seulement, on a arbitré toutes les anciennes grandes valeurs françaises à revenu fixe contre des valeurs analogues des autres pays; mais, même pour les placements industriels, l'argent intimidé s'est réfugié hors de France, toujours avec la même conséquence d'un intérêt accru puisque l'intérêt n'était nulle part aussi bas qu'en France.

La valeur propre de l'or n'a rien à voir dans ces mouvements; mais toutes les causes qui, pour prendre notre placement type, font baisser la Rente française, entraînent un rehaussement général de l'intérêt et comportent, par conséquent, un privilège pour le capital accumulé.

La conséquence est politiquement curieuse; car ce conflit social, où l'on a prétendu mettre en présence le travail et le capital, en opposant plus réellement ceux qui travaillent et économisent à ceux qui ne veulent faire ni l'un ni l'autre, a pour premier résultat d'augmenter le rôle du capital, qui perçoit un intérêt supérieur pour son loyer. Ainsi se trouve diminué, à certains égards, celui du travail qui, même avec un salaire accru, ne toucherait pas plus en réalité puisque le prix de la vie tend à monter et dont le salaire réel ne s'augmente pas en fait autant qu'on pourrait le croire, parce que les capitaux, portés à s'expatrier par prudence, profitent surtout au développement des industries étrangères.

Il est facile de prévoir que ce résultat s'accentuerait encore si l'état de guerre sociale actuelle prenait une forme plus aiguë. En poussant les choses à l'extrême et imaginant une émigration générale des capitaux, le travail national cesserait complètement d'être rémunéré, n'ayant plus d'objet et, en même temps, toutes les matières nécessaires à l'existence augmenteraient de prix dans des proportions démesurées.

Ce n'est là, croirait-on, qu'un état tout à fait momentané et propre à la France. Il ne faut peut-être pas se l'imaginer, et l'évolution, qui nous entraîne les premiers, a des chances pour se généraliser. Ses conséquences, comme on vient de le voir, peuvent être autrement intenses que celles résultant de l'industrie extractive de l'or...

En laissant de côté ces questions, sur lesquelles la discussion reste ouverte, et dont nous n'avons à nous occuper ici que comme d'éléments étrangers venant fausser l'influence directe de la production aurifère, on voit bien des raisons pour que le taux de l'intérêt ne persiste pas à baisser aussi continûment, aussi fatalement, aussi indéfiniment qu'on le supposait autrefois[1], pour qu'il n'y ait pas, par conséquent, prompte surabondance de capitaux malgré une extraction d'or intensive qui, d'ici quinze ans, va en jeter dans la circulation au moins 30 milliards nouveaux. Il s'agit surtout d'une transformation à prévoir dans les habitudes financières du public : transformation analogue à celle qui, jadis, détourna d'abord les audacieux, puis les prudents, puis les timides, de toujours employer leur épargne à arrondir un coin de champ.

---

1. Le contre-coup de certaines mesures législatives, telles que les constitutions proposées de caisses de retraites avec achat automatique et continu de rentes françaises, peut être énorme dans cet ordre d'idées, mais tout à fait artificiel et d'autant plus dangereux. Inversement, le taux de capitalisation de la terre ou des immeubles urbains tend à augmenter, leur valeur baissant à mesure que le public s'en détourne, inquiété par les tendances socialistes actuelles et les charges fiscales.

Mais, à la condition d'y mettre un peu plus d'ingéniosité et de recherche que par le passé, les capitaux,
dont l'or est à la fois le symbole et la représentation
concrète, ne sont pas encore exposés à rester sans
emploi. Nous sommes loin du temps où il ne restera
plus rien de la Terre à mettre en valeur. Le champ
d'activité ouvert aux créations de tous genres, au
développement des moyens de transport, aux utilisa-
tions de forces naturelles, aux transformations électriques, etc., reste énorme et, pour chacune de ces
créations, il faudra de l'or, tant que l'or restera le
moyen d'échange et de payement universel.

L'or, c'est, quand on y réfléchit, quelque chose
comme de la force vive emmagasinée; c'est du labeur,
c'est de l'énergie passée à l'état de potentiel : une
énergie qu'on a en quelque sorte condensée dans ces
petits disques métalliques en peinant pour les arracher
de terre; après quoi, passant de main en main, ils
suscitent partout, sans rien perdre pour cela d'eux-
mêmes, à titre de loyer seulement pour l'échange que
l'on en fait, et d'autant plus féconds qu'ils circulent
plus vite, un travail chaque fois égal à celui qu'il a
fallu pour les acquérir.

On aura besoin de capitaux pendant bien des générations encore, de capitaux devenus de plus en plus
internationaux avec l'unification qui ne peut manquer de se produire pour la fabrication, l'extraction
ou la culture de toutes les substances, et on sera
heureux de trouver, dans la Terre, l'or, qui constitue
la forme de capital précisément la plus commode
pour ces relations internationales.

Puis il y aura longtemps aussi des guerres pour détruire le travail patient des fourmis laborieuses et accroître le besoin de cet or nécessaire aux reconstitutions des richesses, des œuvres de tous genres en un instant annihilées; pendant bien des années encore, malgré les louables efforts des pacifistes, le geste maladroit ou volontairement brutal d'un Kaiser germanique suffira pour entraîner, dans les pays voisins, quelque milliard de commandes improductives en matériel de guerre.

Il semble donc bien que les détenteurs actuels de l'or, au premier rang desquels il faut citer la France tout entière, traverseront sans trop de dommages cette phase de très forte production, de surproduction possible, au début de laquelle nous assistons et qui, superposée à tant d'autres causes, va peut-être déterminer un renchérissement de la vie.

Mais, en tant qu'elle résultera de l'industrie aurifère, cette phase de vie chère ne saurait être indéfinie. Il se produira ensuite, comme dans tous les phénomènes de ce genre, une série d'oscillations. Quand on aura sorti trop d'or pendant un moment, on s'arrêtera, le prix d'extraction ayant augmenté, d'autant plus naturellement que les riches gisements d'aujourd'hui seront épuisés, et l'on attendra, pour mettre en exploitation les minerais plus pauvres, que les besoins d'or soient redevenus plus pressants. L'équilibre se rétablira donc vite avec diminution du prix de la vie et sera suivi d'une disette momentanée, produite par la continuation des demandes d'or industrielles, sans parler même du numéraire. Après quoi, suivant la loi sinusoïdale qui règle tant de manifestations économiques, on recommencera à extraire du métal jaune, et ce ne sera pas l'or qui sera en quantités insuffisantes dans la Terre; il ne saurait y avoir, à cet égard, disette définitive. D'une façon absolue, l'or ne doit pas faire défaut, il est seulement exposé à augmenter de valeur, puisque l'écorce terrestre en renferme beaucoup plus que l'humanité ne peut en utiliser...

En résumé, si l'or ne peut manquer réellement, on doit prévoir, dans un avenir plus ou moins éloigné et indépendamment des oscillations précédentes, un accroissement vraisemblable de son prix de revient; car, plus on ira, plus les minerais que l'on trouvera à traiter seront pauvres et plus, à conditions de traitement égales, l'extraction en sera coûteuse. Pour qu'on extraie de l'or en quantité suffisante, il faudra qu'on y ait bénéfice et, par conséquent, si l'industrie métallique ne s'est pas assez perfectionnée, qu'une hausse de l'or se soit manifestée. Non seulement nous ne voyons pas là probabilité d'une dépréciation continue suivant la théorie classique des économistes; mais l'on serait même conduit à admettre, au contraire, pour les périodes futures, l'abaissement nécessaire du prix de la vie et la hausse de l'intérêt, s'il ne devait intervenir alors, à des degrés bien supérieurs et en des sens divers, la concurrence de plus en plus vive entre les hommes, la lutte pour la vie de plus en plus intense, l'utilisation de plus en plus habile et complète des richesses naturelles, la généralisation croissante des moyens de circulation fiduciaire, des placements mobiliers et des dépôts portant intérêt, etc., etc.

Malgré tout, logiquement, dans un délai indéterminé, peut-être lointain, le prix de l'or semble avoir plus de chances d'augmenter que de diminuer suivant la loi admise d'ordinaire. Il augmentera, malgré les progrès industriels qui, à teneur égale, tendraient à rendre son extraction plus économique, malgré l'emploi croissant des instruments de crédit malgré l'exploration de plus en plus complète de notre globe, parce que, progressivement, ses gisements riches s'épuiseront. Il augmentera, malgré l'accumulation continue des extractions antérieures, parce que, si l'or s'use seulement avec lenteur, il ne se renouvelle pas, et parce que la Terre ne nous en offre que des concentrations limitées contre la reproduction indéfinie des substances végétales ou animales et des efforts humains.... La puissance chimérique du capital dominateur, de l'or, qui, depuis si longtemps, commande à la nature et gouverne le monde, peut changer de mains violemment ou légalement; elle n'est pas encore près, quoi qu'on en dise, de s'évanouir dédaignée, inutile, méprisée, en une vaine fumée.....

CHAPITRE II

ÉTUDE GÉOGRAPHIQUE DE L'OR SA RÉPARTITION DANS LE PASSÉ ET DANS LE PRÉSENT

CHAPITRE III

L'EXTRACTION MINIÈRE ET MÉTALLURGIQUE DE L'OR

CHAPITRE IV

ÉTUDE ÉCONOMIQUE DE L'OR

378-07. — Coulommiers. Imp. PAUL BRODARD. — P5-07.